A NOVA DIETA DE BAIXO CARBOIDRATO

A NOVA DIETA DE BAIXO CARBOIDRATO

Receitas saborosas para quem deseja emagrecer e manter o peso ideal

Laura Lamont

PubliFolha

Título original: *The New Low-Carb Diet Cookbook*

Publicado originalmente no Reino Unido e na Irlanda em 2014 por Nourish, um selo editorial da Watkins Media Limited, 19 Cecil Court, WC2N 4HE, Londres, Inglaterra.

Copyright © 2014 Watkins Media Limited
Copyright do texto © 2014 Laura Lamont
Copyright das fotografias © 2014 Watkins Media Limited
Copyright © 2015 Publifolha Editora Ltda.

Todos os direitos reservados. Nenhuma parte desta obra pode ser reproduzida, arquivada ou transmitida de nenhuma forma ou por nenhum meio sem a permissão expressa e por escrito da Publifolha Editora Ltda.

Proibida a comercialização fora do território brasileiro.

Coordenação do projeto: Publifolha
Editora-assistente: Andréa Bruno
Coordenadora de produção gráfica: Mariana Metidieri
Produtora gráfica: Samantha R. Monteiro

Produção editorial: A2
Coordenação: Sandra R. F. Espilotro
Tradução: Janaina Marcoantonio
Consultoria: Luana Budel
Preparação: Andressa Veronesi
Revisão: Maria A. Medeiros, Carmen T. S. Costa

Edição original: Nourish
Publisher: Grace Cheetham
Editora: Wendy Hobson
Gerente de arte: Suzanne Tuhrim
Fotos da capa: Toby Scott / Watkins Media Limited
Fotógrafo comissionado: Toby Scott, exceto as pp. 8, 57, 93, 101 e 153 por Noel Murphy
Produção culinária: Jayne Cross, exceto as pp. 95, 142, 147, 149, 155 e 157 por Jennie Shapter e as pp. 8, 57, 93, 101 e 153 por Rebecca Rauter
Produção de objetos: Wei Tang
Produtora: Uzma Taj

Dados Internacionais de Catalogação na Publicação (CIP)
(Câmara Brasileira do Livro, SP, Brasil)

Lamont, Laura
   A nova dieta de baixo carboidrato / Laura Lamont ; tradução Janaina Marcoantonio. – São Paulo : Publifolha, 2015.

   Título original: The new low-carb diet cookbook
   ISBN 978-85-68684-35-1

   1. Dieta de baixo carboidrato - Receitas 2. Saúde I. Título.

15-09978   CDD-641.5636

Índice para catálogo sistemático:
1. Baixo carboidrato : Receitas : Culinária 641.5636

Este livro segue as regras do Acordo Ortográfico da Língua Portuguesa (1990), em vigor desde 1º de janeiro de 2009.

Impresso na Toppan Leefung Printing, China.

PUBLIFOLHA

Divisão de Publicações do Grupo Folha
Al. Barão de Limeira, 401, 6º andar
CEP 01202-900, São Paulo, SP
Tels.: (11) 3224-2186/2187/2197
www.publifolha.com.br

Nota do editor

Apesar de todos os cuidados tomados na elaboração das receitas deste livro, os editores não se responsabilizam por erros ou outras omissões decorrentes da preparação dos pratos. Pessoas com restrições alimentares, grávidas e lactantes devem consultar um médico especialista sobre os ingredientes de cada receita antes de prepará-la. Suplementos devem ser utilizados sob orientação médica.
As fotos deste livro podem conter acompanhamentos ou ingredientes meramente ilustrativos.

Observações, exceto se orientado de outra forma:

Use sempre ingredientes frescos, incluindo temperos e condimentos.
Use ovos, frutas e vegetais médios.
O forno deve ser preaquecido na temperatura indicada na receita.

Equivalência de medidas:

1 colher (chá) = 5 ml
1 colher (sopa) = 15 ml
1 xícara (chá) = 250 ml

SUMÁRIO

6 Introdução

8 Capítulo 1: A nova dieta de baixo carboidrato
10 O plano e os benefícios
12 A ciência por trás da dieta
16 O pontapé inicial
18 Plano dos cinco dias – Prepare seu corpo
22 Dica 1: Mantenha estável o nível de açúcar no sangue
24 Dica 2: O inimigo não é a gordura
26 Dica 3: Melhore o humor e pare de buscar conforto na comida
27 Dica 4: Acelere o metabolismo e queime gordura
28 Dica 5: Ganhe disposição e caminhe
29 Dica 6: Coma laticínios
29 Dica 7: Ingira alimentos que queimam calorias
30 Dica 8: Sem carboidratos após o café. Sem comida após as 19h
32 Dica 9: Cuidado com o que bebe
33 Dica 10: Não seja guloso
34 O fator cândida
35 O plano da nova dieta
36 Os grupos de alimentos

40 Capítulo 2: Café da manhã
42 Frutas
46 Grãos
48 Pães

60 Capítulo 3: Almoço
62 Sopas
67 Aves
77 Carnes
84 Peixes
89 Vegetarianos

96 Capítulo 4: Jantar
98 Aves
110 Carnes
127 Peixes
137 Vegetarianos

142 Capítulo 5: Sobremesas
144 Sobremesas simples
150 Sobremesas ao forno
156 Bolos e biscoitos

160 Índice

INTRODUÇÃO

Não aguenta mais fazer jejum ou seguir dietas radicais? Cansou de obedecer a uma tendência diferente a cada mês? Procura um método novo e fácil para emagrecer rapidamente e se manter no peso ideal pelo resto da vida – além de incluir a família inteira em seu novo estilo de vida saudável? Por experiência, sei exatamente como é se sentir assim. Também sei, como terapeuta nutricional e *coach* alimentar, o que fazer. O fator crucial é o elo que falta entre as dietas tradicionais de baixo carboidrato e as de pouca gordura, que parecem ter assumido o papel central no mundo das dietas.

Ao me formar terapeuta nutricional, decidi dedicar toda a minha atenção à perda de peso, já que o sobrepeso desencadeia diversos problemas de saúde. Como diretora de uma clínica de *coaching* para emagrecimento, testemunhei muitas pessoas travando as mesmas batalhas contra a balança. Depois de observar inúmeros clientes lutando contra o "efeito sanfona", comecei a notar uma forte relação entre o vício em carboidrato e a incapacidade de seguir à risca um programa de emagrecimento. Também percebi que era popular a velha crença de que, para perder peso, era preciso deixar de consumir gordura. Como a gordura é rica em calorias, eliminá-la da dieta geralmente nos deixa com fome, e então nos enchemos de carboidratos à base de amido, como pão, massas e batata, além de frutas e legumes. Esses dois últimos podem ser pobres em gordura e ricos em nutrientes, mas também têm muito açúcar e carboidrato refinado – que geram ganho de peso, e não perda. Então descobri que essa maneira ultrapassada de fazer dieta possivelmente dá bons resultados a curto prazo, pois reduz, de fato, a ingestão de calorias, mas, como estratégia de longo prazo, simplesmente não funciona. Outro lado negativo desse tipo de programa de emagrecimento é que leva a uma instabilidade no nível de açúcar no sangue, resultando inevitavelmente em oscilações no nível de energia e em um desejo incontrolável por mais carboidrato. O que, é claro, significa que a dieta não será mantida.

Essas ideias estabelecidas e antiquadas acerca do emagrecimento, combinadas com a grande oferta atual de produtos com poucas calorias e baixo teor de gordura, mas ricos em açúcares, desestabilizaram o nível de açúcar no sangue, fazendo com que as pessoas se sintam famintas. Isso me fez refletir. Será possível que a febre da alimentação sem gordura dos anos 1950 e a gama de alimentos com teor reduzido de gordura e de baixa caloria que chegaram ao mercado tenham sido a causa do aumento repentino no número de casos de obesidade e diabetes que se seguiu?

Então idealizei uma nova versão de uma dieta simples com ingestão controlada de carboidratos. Mesmo para quem está tentando emagrecer, estes são fonte valiosa de energia, mas o que queremos são os carboidratos complexos, que liberam energia lentamente, e não os carboidratos simples, que proporcionam um pico de açúcar seguido de uma queda brusca. Assim, meu programa foi estruturado de forma a não eliminá-los completamente. Os carboidratos complexos são permitidos em pequenas quantidades, sendo consumidos sobretudo no café da manhã, propiciando uma lenta liberação de açúcar na corrente sanguínea e gerando muita energia, mas evitando uma queda brusca mais tarde.

Além de se basear no princípio do controle de carboidratos, essa dieta também monitora calorias, um elemento muito importante em toda dieta de emagrecimento. Mas não se preocupe: não é necessário ficar contando calorias.

Assim que determinei o sucesso da minha dieta, comecei a implementar a inclusão de gorduras, combinadas com carboidratos e açúcares – ou em substituição a estes –, e monitorei o efeito em meus clientes, no que concerne a compulsão por comida e sensação de fome. Os resultados foram surpreendentes, tanto em relação à perda de peso quanto à melhora de problemas de saúde. E o melhor foi que os desejos incontroláveis desapareceram, o que significa que as pessoas conseguiram seguir a dieta por bastante tempo, sinalizando o fim do efeito sanfona.

O único problema encontrado é que depois de alguns meses o peso dos meus clientes parecia estacionar. Isso é muito comum quando se tenta emagrecer, já que o corpo naturalmente começa a se ajustar à nova ingestão de calorias, menor que a habitual. Mas a boa notícia é que, para sair dessa situação, basta incluir uma guloseima – que tal? É por isso que, ao seguir essa dieta, você pode saborear uma sobremesa tentadora uma vez por semana sem um pingo de culpa, pois essa explosão calórica, em intervalos regulares, evitará que o seu corpo chegue a esse ponto e pare de emagrecer.

Embora uma dieta com alto teor de gordura possa parecer controversa, há inúmeros artigos científicos mostrando que essa é uma maneira segura e eficaz de perder peso. Apesar disso, esse novo conceito não está sendo divulgado com rapidez suficiente para beneficiar todas as pessoas que querem alcançar e manter um peso saudável e duradouro. Este livro pretende mudar isso. Essa dieta de baixo carboidrato e rica em gorduras é uma alternativa para controlar a epidemia de obesidade e oferecer uma possível resposta para o problema de diabetes que vem sendo alimentado pela indústria de dietas pobres em gorduras e ricas em carboidratos. Com base nessa nova compreensão, criei essas receitas especiais de baixo carboidrato com o intuito de auxiliar as pessoas que sofrem os efeitos dos regimes tradicionais.

CAPÍTULO 1
A NOVA DIETA DE BAIXO CARBOIDRATO

Essa é uma dieta concebida para ajudar qualquer pessoa a emagrecer e a manter um peso saudável. O plano é simples, direto e funciona – sei disso porque é o plano que uso na minha clínica para tratar clientes com obesidade.

Então, quais destes objetivos você pretende alcançar?

- Perder ao menos 900 g por semana, emagrecendo principalmente na cintura.
- Pôr fim ao efeito sanfona (perder peso e depois ganhar novamente).
- Acelerar o metabolismo e ter mais energia.
- Conter os desejos por alimentos açucarados e refeições pesadas à base de carboidratos.
- Estabilizar o nível de açúcar no sangue.
- Reduzir os níveis de colesterol e a pressão sanguínea.

- Evitar as oscilações de humor.
- Melhorar a pele.
- Equilibrar o padrão de sono.
- Aprender a controlar as porções e ter mais força de vontade.
- Estabelecer um padrão para se alimentar de maneira saudável a vida toda.

O plano se baseia na ideia de ingerir pouco carboidrato, muita proteína e gordura, então é essencial escolher alimentos nas quantidades e proporções adequadas. Mas também incorpora outras descobertas cientificamente comprovadas que ajudam a acelerar a perda de peso.

    Se quer pôr fim no efeito sanfona e na compulsão por comida, é hora de começar a caminhada rumo a uma nova versão de si mesmo – mais leve, saudável e feliz!

O PLANO E OS BENEFÍCIOS

A nova dieta de baixo carboidrato foi testada e aprovada e é fácil de seguir. Sem contagem de pontos nem de calorias. Basta selecionar uma das receitas na seção apropriada do livro ou escolher as proporções adequadas de vários grupos de cores diferentes.

- **Roxo** Contém alimentos que podem ser consumidos sem restrições de quantidade.
- **Azul** Compreende alimentos proteicos, essenciais para construir e regenerar as células do corpo.
- **Amarelo** Inclui todas as gorduras, como leite, manteiga, óleo e creme.
- **Vermelho** Reúne os carboidratos complexos, que proporcionam uma liberação lenta de energia.
- **Verde** Engloba todos os vegetais.

Esse método lhe garante uma grande oferta de alimentos para cada refeição e possibilita muitas variações. Ao mesmo tempo, ensina sobre as escolhas que se deve fazer quando se trata de alimentos essenciais, como pão, cereais e arroz, bem como sobre o controle das porções. Logo isso se tornará tão automático que você começará a fazer escolhas saudáveis sem esforço, inspirando uma alimentação caseira balanceada que pode ser preparada para toda a família.

Não deixe nada de fora

Ninguém segue uma dieta que não proporciona uma alimentação prazerosa. Por isso, neste livro há receitas criativas que agradarão à família inteira, com a vantagem de que não será preciso cozinhar duas refeições diferentes. E, quando se acostumar ao esquema, você terá estabelecido uma dieta saudável para a vida toda.

Ao contrário da maioria das publicações do gênero, este livro não elimina nenhum grupo de alimento nem proíbe certos prazeres ocasionais, como chocolate, café, uma bebida alcoólica ou mesmo uma boa sobremesa. Em vez disso, lhe dá a opção de incorporar esses itens à sua dieta, se quiser. É possível até mesmo ficar feliz ao saber que é permitido comer pão diariamente, pois uma porção de carboidrato no café da manhã vai lhe proporcionar energia para começar o dia com o pé direito. Embora opções mais saudáveis sejam sempre encorajadas, acredito firmemente que, ao eliminar por completo as guloseimas especiais que amamos, estaremos fadados ao fracasso. Esse plano é o braço direito para quem quer seguir uma dieta saudável para sempre, e um futuro sem uma fatia de bolo de vez em quando é simplesmente inaceitável!

É cientificamente comprovada
Embora o plano esteja centrado na ideia de ingerir pouco carboidrato e muita gordura, coloquei em prática descobertas cientificamente comprovadas que ajudam a acelerar a perda de peso de diferentes maneiras. Tais descobertas são descritas em minhas 10 dicas para emagrecer (pp. 22-33), e todas foram incorporadas ao plano e encorajadas ao longo do livro.

Melhora os níveis de energia
As grandes mudanças que você começará a notar quase imediatamente ao embarcar na nova dieta de baixo carboidrato incluem melhoras consideráveis no seu nível de energia e estado de ânimo. Irá perceber que o seu padrão de sono também melhorará muito, contribuindo para que se sinta mais alerta e focado ao longo do dia. Além disso, a sua pele tenderá a ficar mais limpa e radiante.

Freia a compulsão por comida
Enquanto as dietas tradicionais não saciam – o que obviamente causa o seu abandono –, nesse programa seu corpo não sucumbirá aos desejos incontroláveis provocados pela fome. Isso significa que as probabilidades são maiores de seguir e quebrar o círculo vicioso do efeito sanfona.

Restabelece o equilíbrio
Possíveis desequilíbrios ou problemas de saúde podem impedir algumas pessoas de emagrecer, tornando quase impossível atingir seu peso ideal. Esses problemas podem ser desde pequenas deficiências vitamínicas até sérios desequilíbrios digestivos. Nada é mais desmoralizante do que tentar alcançar um objetivo sem a recompensa do sucesso, por isso é importante tratá-los o quanto antes. Consulte um médico para obter aconselhamento profissional.

Ajuda a controlar diabetes, colesterol e pressão alta
Curiosamente, além de ajudar a perder peso depressa e a melhorar a saúde, essa dieta também auxilia a aliviar os sintomas do diabetes tipo 2, reduzir o colesterol ruim e – o que é ainda mais incrível – baixar a pressão sanguínea.

    Vejamos, portanto, como e por que esse plano alimentar pode alcançar tudo isso.

A CIÊNCIA POR TRÁS DA DIETA

Quem está tentando fazer mudanças positivas na alimentação tem muito mais probabilidade de sucesso se seguir os princípios do programa. Esta seção traz todas as informações sobre a nova dieta de baixo carboidrato. Se entender realmente as razões que a tornam eficiente, você ficará confortável com essa linha de regime e perseguirá o seu objetivo de emagrecer com confiança e entusiasmo.

Primeiro, vamos dar uma olhada no quadro geral.

Por que as dietas com pouca gordura não funcionam

Sabemos que a premissa para emagrecer se resume à equação de calorias ingeridas e gastas. Dito de forma simples, para perder peso, o corpo tem de queimar mais calorias do que ingere, para, então, começar a usar as calorias que foram armazenadas em forma de gordura. Simples, não? Na verdade, nem tanto, porque a grande desvantagem é que, ao que tudo indica, não somos capazes de manter essa prática por muito tempo.

Por quê? A verdadeira razão pela qual é tão difícil seguir dietas é que, com muita frequência, recorremos a alimentos com pouca gordura a fim de reduzir nossa ingestão de calorias. Elimine gordura da dieta e você ficará faminto – e então desejará os carboidratos reconfortantes, porque ninguém consegue seguir uma dieta que acarreta fome o tempo todo. Soma-se a isso o fato de que esses alimentos industrializados com baixo teor de gordura vêm com muitos adoçantes e açúcares agregados para melhorar o sabor, e então você verá que pouca gordura muitas vezes significa muitas calorias. A consequência é que esses alimentos pobres em gordura e ricos em açúcar provocam um pico de glicemia, o que desencadeia a liberação do hormônio insulina.

Como a insulina atua?

O papel da insulina é tirar o excesso de açúcar do sangue para que seja armazenado como gordura. Então, se com frequência você come refeições e petiscos com pouca gordura e muito carboidrato, está provocando picos de açúcar e, portanto, picos de insulina seguidos de quedas bruscas. Essa oscilação no nível de açúcar no sangue faz com que o corpo armazene gordura e, além disso, causa fome, cansaço e propensão a mudanças repentinas de humor e a desejos incontroláveis por mais comida. Você pode começar a sentir como se estivesse fora de controle, numa montanha-russa.

Reconhece esse cenário? Caso se sinta um fracassado quando se trata de fazer dieta, isso deve encorajá-lo, porque possivelmente não é culpa sua ter dificuldade para controlar o peso. É a reação natural do seu corpo aos altos e baixos de açúcar, e a culpa é da grande quantidade de informações erradas a respeito de dietas que aceitamos como verdadeiras.

Como parar a montanha-russa de açúcar?

Então, como evitar esse descontrole? Primeiro, precisamos limitar a ingestão de carboidratos para que nosso corpo passe a queimar gordura em vez de armazenar. Depois, precisamos escolher o tipo certo de carboidrato, descartando carboidratos simples, como o açúcar, e escolhendo carboidratos complexos, como a aveia. Os simples são processados pelo corpo rapidamente, provendo energia de maneira explosiva e desencadeando uma liberação de insulina correspondente. Os complexos são processados lentamente, sem desencadear essa grande liberação de insulina.

Portanto, o primeiro passo é evitar carboidratos simples e açúcares, a fim de prevenir as explosões de insulina, o que significa moderar o consumo de doces e abandonar os alimentos industrializados, que são cheios de carboidratos simples. Mas ainda podemos apreciar os carboidratos complexos de manhã. Por que de manhã? Porque, dessa maneira, nosso desjejum exerce sua função, liberando lentamente a energia de que necessitamos para seguir em frente com disposição, tratando de nos manter estáveis ao longo do dia, sem provocar desejos incontroláveis por alimentos açucarados.

E quanto à gordura?

Pode parecer absurdo, mas é um fato comprovado a necessidade de se comer gordura para queimar gordura. Então, a mensagem mais importante aqui é incluir mais gordura na nossa dieta – é isso mesmo: a gordura, na verdade, é boa para perder peso, porque ajuda a reduzir o impacto do açúcar na corrente sanguínea. Como ocorre com os carboidratos, há mais de um tipo de gordura, e a "boa" é a encontrada em peixes gordos, linhaça e nozes, conhecida como ômega-3.

A gordura nos ajuda a emagrecer e a manter um peso saudável das seguintes maneiras:

- Estabiliza o nível de açúcar no sangue, evitando a liberação de insulina e, desse modo, limitando a energia armazenada em forma de gordura.
- Ajuda a nos manter saciados por mais tempo, porque demora mais para ser digerida do que os açúcares e outros carboidratos simples; por isso, nos faz comer menos.
- Melhora a sensibilidade à leptina, que é o que chamo de "hormônio da magreza".

A importância da leptina

A leptina é um hormônio poderoso que foi descoberto há relativamente pouco tempo e hoje se sabe que é importantíssimo na equação do emagrecimento. Em parte porque só conhecemos esse hormônio recentemente, ele parece ter ficado atrás da insulina na nossa compreensão da perda de peso e no modo como a colocamos em prática. Mas acredito que seja tão importante entender como a leptina funciona quanto saber como a insulina atua, e somente quando fizermos isso estaremos em condições de explicar por que as pessoas têm tanta dificuldade de emagrecer e, portanto, por que a epidemia de obesidade continua crescendo.

A leptina é o hormônio mensageiro que diz ao nosso cérebro quando estamos satisfeitos e devemos parar de comer; por isso, é, obviamente, parte crucial da nossa dieta. A lógica poderia nos dizer que quanto mais leptina temos circulando no sangue, melhor, mas infelizmente isso não poderia estar mais distante da verdade. De fato, não é uma questão de quantidade, mas de qualidade; trata-se sobretudo de quão sensível é o nosso organismo à leptina e, portanto, quão eficaz é o nosso corpo em fazer com que essas mensagens vitais cheguem ao cérebro.

Se estamos sempre comendo demais, nosso corpo reage liberando um fluxo contínuo de leptina no sangue. Como é de se esperar, os receptores que transportam a leptina ficam sobrecarregados e não conseguem transmitir ao cérebro a mensagem correta. Se o cérebro não recebe a mensagem de leptina informando que comemos o suficiente, obviamente pensa que estamos sentindo fome. Então, em vez de dizer ao nosso corpo para parar de comer, faz o oposto: desencadeia fome intensa e desejos incontroláveis, contrariando o que necessitamos quando estamos tentando seguir uma dieta.

Mas as qualidades desse hormônio não terminam aí: estudos mostraram que ele nos faz querer praticar mais exercícios. Então, se você vinha pensando que só está sendo preguiçoso ou se sentindo cansado demais para ir à academia, isso pode ser consequência de uma sensibilidade reduzida à leptina. Resolvendo isso, você poderia realmente querer se exercitar – não seria ótimo?

Há um último ponto para entender por que níveis equilibrados de leptina são tão importantes. É sabido que o acúmulo de gordura nos músculos contribui para a resistência à insulina, que é o primeiro passo para o diabetes tipo 2. Mas quando está funcionando bem, a leptina diminui o armazenamento de gordura nos músculos e, com isso, pode melhorar muito a resistência à insulina, reduzindo a probabilidade de desenvolvimento do diabetes tipo 2.

Como otimizar a eficiência da leptina

Então, como supressor do apetite, para nos encorajar a praticar exercícios e reduzir o depósito de gordura nos músculos, precisamos que a leptina e seus receptores estejam funcionando corretamente e podemos conseguir isso fazendo algumas pequenas mudanças na nossa dieta. Sabemos que a resistência à leptina ocorre em resposta a níveis elevados de glicose no sangue; portanto, comidas e bebidas açucaradas e carboidratos refinados são um caminho certeiro para prejudicar a leptina, e é melhor evitá-los se você quiser perder peso e se manter saudável. Tudo aponta na mesma direção: eliminar açúcares refinados.

No entanto, o que talvez não se perceba é que os açúcares naturais encontrados nas frutas podem ter o mesmo efeito negativo sobre a leptina, porque os níveis elevados de frutose – o açúcar das frutas – podem interferir na capacidade da leptina de atravessar a barreira hematoencefálica, resultando em resistência à leptina. Sabemos que as frutas fazem bem à saúde: têm pouca gordura e são uma boa fonte de vitaminas e fibras. Mas se queremos perder peso também precisamos limitar nossa ingestão de frutas. Por outro lado, acredita-se que o consumo de grãos integrais e verduras melhora a sensibilidade à leptina; desse modo, consumi-los em maior quantidade traz um benefício adicional.

Dois últimos fatores importantes são dormir bem e reduzir o estresse. O nível de leptina aumenta naturalmente enquanto dormimos, ao passo que, quando estamos estressados, o corpo libera o hormônio cortisol, que pode inibir o funcionamento saudável da leptina.

Como se acostumar com a ingestão reduzida de alimento

Curiosamente, também se acredita que, quando reduzimos de súbito nossa ingestão de calorias, leva um tempo para o organismo se acostumar à ingestão reduzida de alimento. Isso significa que, ao pensar que vamos passar fome, de maneira instintiva o corpo interrompe a produção de leptina para nos fazer sentir mais fome. É claro que isso não nos ajudará a emagrecer e a seguir nossa dieta. Mas esta dieta tem uma maneira simples de impedir tal reação: uma vez por semana, ingerimos mais calorias. Isso evita que o corpo "pense" que está passando fome, não o deixa confortável com o nível estipulado de calorias e, então, impede que a perda de peso estacione. Portanto, durante esse plano, haverá um dia por semana para se deliciar com uma sobremesa após o jantar.

O PONTAPÉ INICIAL

Agora que entendemos os princípios nutricionais básicos, é hora de começar a agir. Destaquemos os pontos mais importantes para que você se sinta confiante e determinado.

A instabilidade no nível de açúcar no sangue é o fator que mais contribui para o ganho de peso, fazendo com que emagrecer seja uma batalha constante. Afeta o humor e o nível de energia, o que leva a buscar conforto na comida. A longo prazo, pode ocasionar todo tipo de problema de saúde.

Se comemos carboidratos simples, ou refinados – como açúcar puro e o contido nas frutas –, o corpo não precisa se esforçar para digeri-los, de modo que o açúcar chega à corrente sanguínea muito rapidamente, ocasionando a liberação de insulina. Isso nos dá uma explosão de energia, mas esse pico é seguido de uma queda abrupta, deixando-nos cansados, letárgicos, mal-humorados e embotados. E então, o que o corpo deseja? Mais açúcar, é claro, e assim o ciclo continua, deixando-nos exaustos e desprovidos de força de vontade. Algo crucial para nós, obviamente, é que todo esse açúcar é armazenado como gordura, sobretudo ao redor da cintura, o que faz dele o responsável pelo ganho de peso. Portanto, se conseguirmos regular esse sistema de transporte da insulina, o corpo deixará de armazenar gordura e começará a usar esses depósitos para obter energia.

Dê um passo simples

A boa notícia é que algumas mudanças podem fazer a diferença no modo como processamos os alimentos e nos ajudar a retomar o controle. Podemos desfrutar os carboidratos de que necessitamos para obter energia sem ter picos de açúcar simplesmente comendo carboidratos complexos. Estes levam muito tempo para ser digeridos, liberando o açúcar lentamente na corrente sanguínea e não desencadeando uma resposta de insulina. Tudo bem saborear massa e pão branco refinado de vez em quando, mas na dieta do dia a dia devemos nos ater aos carboidratos complexos. Essa escolha básica é essencial para se alcançar uma vida sadia e deve ser o primeiro passo a ser tomado para conquistar o seu peso natural e saudável, evitando o efeito sanfona e o ato de comer por impulso. Se tiver de adotar uma única mudança na sua dieta, trocar carboidratos simples por complexos é a melhor escolha que você pode fazer.

Comece agora mesmo e pare de comprar doces, bolos, biscoitos ou cereais refinados e repletos de açúcar, assim você não ficará tentado ao encontrá-los na despensa. Prefira pão de centeio, de farinha de trigo integral ou de cereais integrais. Quanto mais escuro e cheio de grãos, melhor. Estoque aveia e oleaginosas. E escolha vegetais frescos que lhe darão todos os nutrientes necessários.

PLANO DOS CINCO DIAS — PREPARE SEU CORPO

Chegamos ao estágio de preparação do plano, que basicamente programa o seu corpo para a dieta. Serei honesta: essa é, provavelmente, a parte mais difícil, porque representa o primeiro grande passo na sua jornada para um estilo de vida mais leve e saudável, e se preparar para algo novo requer coragem.

Mas pense nas vantagens, e isso lhe dará o incentivo e a energia necessários. Se fizer a dieta, notará uma melhora na sua aparência, vai se sentir melhor e mais saudável do que nunca! É algo que vale a pena almejar. Além disso, a boa notícia é que, depois desse passo, o resto será fácil. Você logo começará a se acostumar com a dieta e a incluirá confortavelmente na sua vida. E cinco dias é muito pouco tempo se considerarmos os benefícios a longo prazo.

Consulte seu médico

Antes de começar o plano, consulte seu médico se tiver histórico de diabetes na família ou algum outro problema de saúde. No caso de diabetes, é fundamental que fale com ele antes de embarcar em qualquer tipo de dieta, para ter certeza de que é adequada para o seu caso específico. Se o médico der sinal verde, consulte-o regularmente enquanto seguir o plano alimentar. Você talvez descubra que precisa ajustar a sua medicação e, obviamente, ele é quem deve monitorá-lo e aconselhá-lo.

Elimine açúcares e carboidratos

O plano de cinco dias não foi concebido necessariamente para emagrecer, e você não deve focar nisso. Basicamente, é um processo de livrar-se do açúcar e estabilizar o nível de glicose no sangue para poder ter pleno controle da sua dieta. O objetivo é restaurar o equilíbrio do corpo, tirando-o da montanha-russa de açúcar. Quando o organismo está em equilíbrio e os hormônios não estão lutando contra a sua força de vontade, isso se torna visível.

Por cinco dias você precisa cortar açúcar e carboidratos. Nesses dias serão eliminados todos os alimentos que impactam o nível de açúcar no sangue – portanto, nada de cafeína, álcool, molhos nem condimentos, e apenas frutas específicas –; tome apenas água e chá de ervas. Siga uma dieta de peixe, frango, peru, legumes, verduras, ovos e um pouco de carne vermelha. Lembre-se: são apenas cinco dias, e sem passar fome; portanto, não se desespere.

Para algumas pessoas, isso será muito mais difícil do que para outras, mas você deve persistir se quiser obter os melhores resultados. Ao fim dos cinco dias, comece a fazer as mudanças no seu novo estilo de vida, com a dieta completa e as dicas, e inicie a sua jornada rumo a uma versão mais magra e mais saudável de si.

É possível que algumas pessoas experimentem sintomas de abstinência durante o plano de cinco dias, como fraqueza ou cansaço, constipação, dores de cabeça e irritabilidade. Outras podem se sentir inchadas e com gases até o seu sistema digestório se ajustar ao aumento de ingestão de fibras. Esses sintomas devem durar apenas de três a cinco dias; portanto, persista.

No futuro, se sentir que a sua alimentação está saindo do controle novamente e que você está começando a ter um desejo incontrolável de comer besteiras, repita o plano de cinco dias. Também pode ser uma boa ideia refazê-lo no início de cada ano, depois de extrapolar na época de festas.

O que comer durante o plano de cinco dias

A lista de alimentos nesta seção (p. 20) inclui tudo o que lhe é permitido consumir durante esses cinco dias. Você só pode comer o que consta da lista, nada mais – leve uma cópia quando for ao supermercado e use a criatividade na cozinha. Combine ingredientes para preparar saladas, guisados, sopas e refogados.

Basicamente, você comerá uma porção de carne ou peixe acompanhada de muitos vegetais frescos para garantir que ficará satisfeito. Isso lhe dá muitas possibilidades para compor uma alimentação variada e interessante, e não há necessidade de passar fome ao seguir esse plano. Também é imprescindível beber bastante água.

Carne, peixe e ovos

Coma ovos e todos os tipos de carne e peixe, frescos ou congelados. Isso não inclui hambúrgueres, frios, embutidos, nem nada do gênero – apenas carne e peixe puros, sem nada adicionado. Peixe em lata é aceitável, desde que seja conservado em água.

Lembre-se, no entanto, de não exagerar na carne. Uma porção equivale ao tamanho da palma da mão; mais do que isso é muito.

Frutas e legumes

Para o plano de cinco dias, é permitido comer o quanto quiser dos seguintes legumes, verduras e frutas:

- abobrinha amarela
- abobrinha italiana
- acelga-chinesa
- aipo
- alcachofra
- alface
- alho-poró
- aspargo
- berinjela
- brócolis
- broto de feijão
- cebola
- cogumelo
- couve-de-bruxelas
- couve-flor
- ervilha-torta
- espinafre
- folhas verdes
- limão-taiti
- nabo
- pepino
- pimentão (verde, vermelho, amarelo)
- quiabo
- rabanete
- repolho
- tofu
- tomate (moderadamente)
- vagem

Outros itens permitidos

Use-os com moderação para tornar seus cardápios mais interessantes e lembre-se de tomar muita água.

- água
- azeite (para cozinhar)
- azeitona
- caldo de carne
- caldo de peixe
- chá-verde
- chás de ervas
- sour cream
- ervas e especiarias
- maionese [1 col. (sopa) por dia]
- manteiga
- óleo de linhaça
- pimenta-do-reino
- queijos duros (moderadamente)
- suco de limão-siciliano
- vinagre de maçã (para temperar saladas)

Prepare-se para seguir algumas dicas

Adiante apresentarei 10 dicas para emagrecer (pp. 22-3): pequenas mudanças no seu estilo de vida e hábitos alimentares que farão uma grande diferença na sua cintura. São maneiras complementares de acelerar a perda de peso – simples de adotar e eficazes. Combinadas com os princípios de restrição de carboidratos, essas dicas lhe ensinarão como ficar em forma e manter o seu peso natural.

Siga à risca o plano alimentar da nova dieta de baixo carboidrato e alcance o seu objetivo.

DICA 1: Mantenha estável o nível de açúcar no sangue

Ao concluir o plano de cinco dias, você terá se livrado do açúcar e eliminado os desejos incontroláveis por comida. A dica 1 é aprender a manter essa estabilidade, de modo que a perda de peso ocorra naturalmente, eliminando os alimentos que fazem o nível de açúcar no sangue aumentar depressa. Isso não tem de ser difícil. Você só precisa repensar suas escolhas alimentares!

Escolha vermelho para carboidratos complexos

Continue comendo os alimentos do plano de cinco dias, mas comece a acrescentar alguns carboidratos complexos. Embora seja importante não exagerar nos carboidratos quando se está tentando emagrecer, eles fornecem energia, vitaminas e sais minerais. A melhor maneira de ter certeza de que você não está dificultando o seu emagrecimento é comer carboidratos apenas no café da manhã. Usando esse plano na clínica, descobrimos que essa é a melhor forma de acelerar a perda de peso sem se privar dos seus alimentos favoritos – que seria um modo infalível de regressar aos velhos hábitos alimentares. Portanto, saboreie seus carboidratos no café da manhã, tratando de escolher o tipo certo na seção vermelha das listas de alimentos (p. 39).

Além de mudar suas escolhas alimentares, há algumas outras maneiras de estabilizar o nível de açúcar no sangue. Essas dicas simples também podem ser facilmente incorporadas ao seu cotidiano.

Coma aveia

A primeira é simples: inclua aveia na sua dieta diária. A aveia é uma excelente fonte de proteínas, fibras e dos importantíssimos betaglucanos, que, como muitos estudos demonstraram, ajudam a estabilizar o nível de açúcar no sangue. Portanto, a aveia sempre deve ser a sua escolha número um no café da manhã se você quiser aproveitar ao máximo cada uma das dicas para perder peso mais depressa.

O cromo e o fator de tolerância à glicose

O cromo é conhecido por ajudar a estabilizar o nível de açúcar no sangue, já que se supõe que ele melhora a ação da insulina na quebra de moléculas de alimentos. Se você já apresenta deficiência de cromo, dificilmente conseguirá obter dos alimentos naturais uma dose alta o suficiente para repor o que necessita, por isso seu médico pode lhe receitar cromo GTF como suplemento.

Estima-se que uma em cada dez pessoas pode ter deficiência de cromo, o que contribuiu para o ganho de peso e o desenvolvimento do diabetes. Os estudos confirmaram que a ingestão diária de um suplemento de cromo pode levar a melhoras notáveis na composição do corpo, com um aumento de massa magra, resultando na queima de mais gordura. Esses resultados se mostraram particularmente importantes em indivíduos que nem sequer fizeram mudanças em seu estilo de vida, como uma dieta ou aumento da prática de atividade física – mas não pense que não precisará se exercitar se tomar suplemento de cromo!

Além disso, é importante incluir na dieta alimentos que contêm cromo. A melhor fonte é a levedura de cerveja – adicione uma colherada a um guisado ou ensopado para acentuar o sabor.

Outro acréscimo útil é a canela, que tem um impacto enorme na estabilização do nível de açúcar no sangue. Experimente espalhar canela sobre a aveia consumida no café da manhã.

A importância das proteínas e fibras

As proteínas também são importantes nessa equação, já que contribuem muito para estabilizar o nível de açúcar no sangue. Em comparação com os açúcares e os carboidratos simples, assim como as gorduras, levam mais tempo para se decompor no estômago e, portanto, nos fazem sentir saciados por mais tempo. São excelentes para estabilizar o nível de açúcar no sangue, pois não contêm açúcar e são digeridas lentamente, proporcionando uma liberação gradativa de energia sem desencadear a liberação de insulina.

Podemos aproveitar mais esse benefício se ingerirmos uma boa quantidade de fibras com as proteínas em cada refeição. Elas fazem volume no estômago e nos saciam mais depressa. Essa combinação tem a vantagem de evitar a constipação, o que pode ocorrer em uma dieta pobre em carboidratos e rica em proteínas. É importante, no entanto, limitar o consumo de laticínios e carne vermelha a algumas vezes por semana. Eles contêm proporções elevadas de gordura saturada e devem ser sempre a segunda opção depois de escolhas saudáveis para o coração, como peixe, peru e frango.

Dica 1
Coma apenas carboidratos complexos e mantenha estável o nível de açúcar no sangue.

DICA 2: O inimigo não é a gordura

Parece lógico que uma campanha de emagrecimento tenha como alvo eliminar as gorduras da dieta, mas, à medida que os anos se passaram e aprendemos mais sobre o corpo humano, perda e ganho de peso, ficou claro que essa não é a resposta. Hoje há um número cada vez maior de evidências científicas mostrando que a gordura na comida que comemos não é necessariamente o problema.

Embora, comparando-se o mesmo peso, a gordura tenha mais calorias do que os açúcares e carboidratos, são esses dois últimos os verdadeiros venenos na nossa vida, gerando uma nação de viciados enquanto alimentam a atual epidemia de obesidade. A gordura, por outro lado, é excelente para desacelerar a digestão, além de proporcionar vitaminas A, D, E e K.

Pouca gordura leva ao efeito sanfona

Ao fazer dieta, uma das coisas mais autodestrutivas que se pode fazer é comprar produtos dietéticos ou light, com baixo teor de gordura. Nesses alimentos, geralmente ela é substituída por açúcar (ou, ainda pior, aspartame), por causa da sua baixa densidade calórica. Então, embora estejamos ingerindo menos calorias pela mesma quantidade de comida, uma vez que essas calorias estão chegando na forma de um pico de açúcar, nosso corpo rapidamente armazenará o excesso dele como gordura... e assim recomeça o ciclo: queda brusca do açúcar no sangue, desejo incontrolável por outro pico dele e assim por diante. O autocontrole e a força de vontade vão por água abaixo, nos entupimos de porcarias, engordamos e compramos mais produtos dietéticos e livres de gordura. Isso me levou a questionar se poderia haver uma relação direta entre esses produtos e a atual epidemia de diabetes.

A indústria da dieta atua em causa própria

Se esse é o estratagema da indústria da dieta, está funcionando muito bem; se os produtos comprados para ajudar a emagrecer na verdade ajudam a manter peso, o consumidor provavelmente continuará fazendo dieta. Mais se compra e mais eles ganham! Então, a moral da história é simples: *se comer alguma coisa, prefira a versão original, com gordura, mas em menor quantidade.* Assim, terá o benefício de uma digestão mais lenta; portanto, não haverá picos e quedas de açúcar nem aumento nos depósitos de gordura, mas sim um combustível valioso.

Outra vantagem é que estará consumindo algo mais próximo do produto original, que não foi desprovido de suas vitaminas essenciais solúveis em gordura, como a vitamina D, da qual tantos carecem atualmente.

As melhores gorduras

Comece verificando os rótulos e concentre-se em incluir na dieta gorduras monoinsaturadas e ômega-3 oriundas do peixe. Elas são ótimas e parte essencial de uma dieta saudável. É necessário consumi-las diariamente para que a maioria dos sistemas do corpo funcione bem, e ainda para ajudar a reverter danos causados por um excesso de gorduras saturadas.

São fontes de gorduras monoinsaturadas: óleos de canola, de milho, de amendoim, de cártamo, de gergelim, de girassol, azeite, pipoca, trigo integral, cereais, aveia e abacate, nozes, castanhas e sementes.

São fontes de gorduras poli-insaturadas: nozes, castanhas e sementes, além dos peixes; devem ser consumidas regularmente e em pequena quantidade.

São fontes de gorduras saturadas: carnes e laticínios, e pedem moderação no consumo. Deve-se evitar alimentos processados que contenham gordura trans e alto teor de gorduras saturadas.

Sintomas de uma deficiência

A deficiência de gorduras essenciais pode causar vários sintomas: colesterol alto; pressão alta; má circulação; pele seca, descamando ou rachando; unhas quebradiças; problemas comportamentais em crianças; acne em adultos; dificuldade de cicatrização; dor nas articulações; caspa; depressão; boca seca e resfriados frequentes; além de desejos incontroláveis por alimentos gordurosos. Uma alternativa para compensar a deficiência é tomar um suplemento diário de óleo de peixe com ômega-3 por um tempo, enquanto as gorduras boas forem sendo acrescentadas à dieta.

É muito comum que as pessoas que fazem dieta por longos períodos tenham deficiência de muitas vitaminas e sais minerais por restringir a ingestão de alimentos e seguir regimes pouco saudáveis, pobres em nutrientes. Se você tem algum tipo de sintoma pouco usual ou preocupante – queda de cabelo, problemas de pele, memória ruim ou oscilações de humor –, a deficiência de algum nutriente pode ser a causa. Isso pode estar dificultando a perda de peso e deve ser corrigido o quanto antes.

Dica 2
Faça com que o seu corpo obtenha os tipos certos de gordura em quantidades suficientes.

DICA 3: Melhore o humor e pare de buscar conforto na comida

Tenho certeza de que todos recorremos àquela barra de chocolate quando nos sentimos deprimidos ou comemos mais do que deveríamos porque tendemos a perder a motivação e a força de vontade. E a maioria de nós provavelmente ganha um pouco mais de peso durante o inverno. Isso se deve ao simples fato de que menos luz solar significa uma menor produção de serotonina, o hormônio da felicidade, resultando em uma queda no estado de ânimo e na motivação.

Como estimular o hormônio da felicidade

Portanto, faz todo o sentido elevar o nível de serotonina para que nos mantenhamos felizes, motivados e cheios de energia durante os meses sombrios do inverno ou naqueles momentos inevitáveis da vida em que somos pressionados no trabalho ou as coisas não parecem sair exatamente da maneira como gostaríamos.

A boa notícia é que não precisamos nos mudar para um lugar com clima mais ensolarado – nem mudar de emprego – para conseguir isso. O sol não é a única forma de elevar o nível de serotonina; isso também pode ser alcançado com a nossa dieta e com suplementos receitados por seu médico.

O aminoácido triptofano é convertido em serotonina, portanto, comer alimentos ricos em triptofano estimulará naturalmente a produção desse hormônio. Peru, peixe, frango, nozes, castanhas, queijo, ovos e leguminosas são todos bons candidatos; assim, trate de incluí-los na sua dieta regular ao longo do ano para manter o seu nível de hormônio da felicidade. E, se perceber que está se sentindo um pouco desanimado, recorra a esses alimentos.

Caso sinta dificuldade para incluir esses alimentos em sua dieta ou busque uma solução mais rápida e fácil, consulte seu médico sobre a possibilidade de usar um suplemento 5HTP.

Por fim, é essencial que você saia para tomar ar. Tente ao menos uma caminhada acelerada de 20 minutos todos os dias, já que isso deve melhorar o seu humor, dar mais energia, motivação e, o que é mais importante... queimar gordura!

Dica 3
Coma alimentos ricos em nutrientes que aumentem o seu hormônio da felicidade. Isso lhe dará mais energia, força de vontade e motivação e evitará que você busque conforto na comida!

DICA 4: Acelere o metabolismo e queime gordura

Com a idade, o metabolismo desacelera, queimamos calorias mais lentamente e engordamos com mais facilidade. Ao aumentar o ritmo do nosso metabolismo, aumentamos nossa taxa metabólica basal, que é a quantidade de energia que o organismo usa em repouso, e assim queimamos mais calorias quando estamos sem fazer nada. Então, como ajudar o metabolismo a queimar mais calorias?

- Faça atividade física – encontre algo de que goste e se exercite.
- Coma regularmente e não pule refeições, sobretudo o café da manhã. Isso garante que o metabolismo funcione sempre e em ritmo constante.
- Inclua proteína na dieta para sentir saciedade por mais tempo e ajudar a queima de gordura.
- Coma fibras. Embora sejam um tipo de carboidrato, as fibras demoram para ser digeridas e não impactam o nível de açúcar no sangue. Evitam a constipação e, ao acelerar o metabolismo, ajudam a melhorar a circulação, fazendo com que você se sinta mais aquecido no inverno. As melhores escolhas são alimentos pobres em carboidratos e ricos em fibras: nozes, castanhas, sementes e vegetais sem amido, como folhas verdes, aipo, brócolis, couve-flor, tomate e pimentão.
- Tente beber cerca de 2 litros de água durante o dia. Ajuda a prevenir falsos ataques de fome, evita que o corpo retenha líquido em excesso e acelera o metabolismo.
- Cafeína e chá-verde ajudam a acelerar o metabolismo. Beba bastante chá-verde, mas só três cafés ou chás-pretos por dia. Um café puro antes de praticar exercício pode ajudar a queimar mais calorias.
- Comidas condimentadas aceleram o metabolismo durante horas depois de ingeridas; então, acrescente pimentas, açafrão ou gengibre aos seus pratos.

Evite o hipotireoidismo

A glândula tireoide é vital para regular o metabolismo, mas precisa de um bom suprimento de iodo, que pode faltar em uma dieta pobre. A melhor fonte são as algas marinhas ou um suplemento de alga kelp, mas consulte antes seu médico, especialmente se estiver tomando algum medicamento.

Dica 4
Consuma alimentos que aceleram o metabolismo para emagrecer mais rápido.

DICA 5: Ganhe disposição e caminhe

Você não precisa suar na academia para emagrecer e manter o peso, embora a musculação seja uma maneira excelente de acelerar o metabolismo.

Mas tudo bem, porque a melhor forma de queimar gordura é com exercícios de baixa intensidade, como uma caminhada acelerada. Bastam 20 a 30 minutos todos os dias para acelerar a perda de peso e tonificar as pernas e o bumbum. Logo depois de acordar, antes do café da manhã, é o melhor horário para caminhar, e isso manterá o seu organismo animado pelo resto do dia. Se você não for uma pessoa matutina, experimente levar um par de tênis para o trabalho e fazer uma caminhada no horário do almoço ou, talvez, estacionar o carro a 15 minutos de distância do trabalho para percorrer esse trecho a pé na ida e na volta todos os dias.

Reponha as vitaminas do complexo B

Você provavelmente já notou que está com muito mais disposição desde que estabilizou o nível de açúcar no sangue, mas se ainda estiver se sentindo um pouco letárgico e sem pique para se exercitar, pode ser por causa de uma deficiência de vitaminas do complexo B. Elas são essenciais para que o corpo utilize a energia dos alimentos e podem se exaurir facilmente se tiver uma dieta pobre ou se estiver muito estressado. A boa notícia é que você obterá essas vitaminas na sua nova dieta, e logo suas reservas estarão abastecidas novamente, dando-lhe muita energia.

As vitaminas do complexo B são encontradas no peru, no fígado, no atum, na pimenta vermelha, na lentilha, na banana, na batata e no tempeh (à base de soja). Além disso, levedura de cerveja, carne, laticínios e ovos são ricos em vitamina B12, ao passo que aveia, cevada, farelo de trigo, abacate, salmão, castanha-do-pará (e outras oleaginosas) também são ótimas fontes de vitaminas B. Isso significa que você tem muitas possibilidades de escolha e pode implementar as mudanças garantindo a ingestão da quantidade recomendada.

Se deseja uma injeção de ânimo, peça a seu médico para lhe receitar um suplemento de vitaminas do complexo B, mas tome-o no café da manhã, pois, se tomar à noite, pode perder o sono.

Dica 5
Consuma alimentos que estimulem a liberação de energia e inclua uma caminhada na sua rotina diária.

DICA 6: Coma laticínios

Muitas pessoas têm a impressão de que é preciso cortar todos os laticínios para emagrecer. Como são ricos em gorduras e calorias, isso parece lógico, mas, na verdade, demonstrou-se que eles ajudam a perder peso. Acredita-se que o cálcio se une à gordura no corpo, ajudando a excretá-la, em vez de absorvê-la. O iogurte natural é uma das melhores fontes, e por isso deve ser incluído diariamente na sua dieta. Adicionar duas colheres de chá à maioria das refeições funciona muito bem.

Dica 6
Coma iogurte natural regularmente para ajudar a reduzir a absorção da gordura nos ingredientes.

DICA 7: Ingira alimentos que queimam calorias

Certos alimentos requerem mais energia para ser digeridos do que eles realmente contêm. Inclua-os em grande quantidade nas refeições diárias, como aperitivo ou em sopas ou guisados.

- agrião
- aipo
- alface
- alho
- aspargo
- beterraba
- brócolis
- cebola
- cenoura
- couve
- couve-flor
- espinafre
- folha de dente-de-leão
- limão-siciliano
- nabo
- pepino
- pimenta vermelha (picante)
- rabanete
- repolho
- vagem

Coma-os o quanto quiser. Você não ficará com fome com esses ingredientes por perto.

Dica 7
Coma à vontade esses alimentos que queimam calorias para se sentir saciado.

DICA 8: Sem carboidratos após o café. Sem comida após as 19h

Há muitas dietas sem carboidratos ou com poucos carboidratos que podem funcionar em curto prazo por uma série de razões.

- Eliminar um grupo alimentar importante reduzirá de forma significativa a ingestão de calorias.
- Coma mais proteínas no lugar, o que o manterá saciado por mais tempo e evitará a fome.

Na prática, contudo, eliminar completamente os carboidratos é insustentável. Você voltará a comê-los mais cedo ou mais tarde e ganhará todo o peso que perdeu. A privação nunca é uma boa base para manter o peso para a vida toda; o segredo é se permitir um pouco, com moderação.

Mantenha os carboidratos do café da manhã

Quando falamos da relação entre emagrecimento e carboidratos, acredito que o melhor momento para consumi-los é no café da manhã, cuidando para que o almoço e o jantar se baseiem em uma proteína como peixe ou carne, com muitas verduras ou legumes. Ao estruturar suas refeições dessa forma, você automaticamente reduzirá a ingestão diária de calorias de maneira significativa sem precisar eliminar nenhum grupo de alimentos e sem se privar de algo que aprecia muito.

Agora você entende por que deve escolher apenas carboidratos complexos, que não lhe darão um pico de açúcar – o que, em seguida, o deixaria com fome e desejando mais comida.

Faça a sua última refeição às 19 horas

O pior horário para comer é depois do jantar, porque as calorias não são queimadas de maneira tão eficaz quando você está sentado e relaxado durante a noite. Na hora de dormir, você deve estar com um pouco de fome. Tome meio copo de leite morno antes de se deitar. Isso evita ataques de fome e ajuda a pegar no sono, ao mesmo tempo que proporciona energia de liberação lenta ao longo da noite. Se o seu corpo não tiver de se preocupar em fazer a digestão, pode se concentrar na sua função primordial de reparação noturna. Além disso, você estará com um apetite voraz ao acordar na manhã seguinte.

Comer fora durante a dieta

É claro que essa dica é difícil de seguir se você está comendo fora de casa... mas a vida é curta demais para viver sofrendo – permita-se jantar fora sem culpa de vez em quando. Se você é do tipo sociável e se reúne frequentemente com os amigos para jantar, tente substituir os jantares por almoços nos fins de semana. Assim, você ficará menos tentado pelo álcool – e as calorias que o acompanham – e tenderá a escolher um prato um pouco mais leve. Também é melhor fazer a refeição mais pesada do dia mais cedo, e outra mais leve à noite, já que isso dá mais tempo para o seu corpo digerir o alimento antes de se deitar. Se você se exceder um pouco no almoço, pode compensar pegando mais leve na refeição noturna.

Se sair para jantar, tente seguir estas regras:

- Resista à tentação de beliscar o pão à mesa... isso é inaceitável em uma dieta. É muito fácil comer mais do que o necessário sem perceber.
- Pule a entrada ou divida algo leve e pequeno – e sem carboidratos.
- Escolha um prato com peixe ou carne branca, acompanhado de salada ou legumes, sem carboidratos. Nada de batata, arroz, massa ou pão.
- Tome um café (que é um supressor do apetite e também um pequeno prazer, e não tem problema consumi-lo com moderação) – ou talvez um chá-verde, se gostar – e uma colherada da sobremesa de outra pessoa, em vez de uma inteira.
- Outra opção é dividir uma sobremesa com alguém, se for uma ocasião especial. Mas lembre-se: "Um minuto na boca, a vida inteira nos quadris!", como minha mãe costumava dizer. Então, antes de comer, pense se realmente precisa de um doce.
- Cuidado com as bebidas alcoólicas, já que o álcool tem muitas calorias. Mais uma vez, é algo que deve ser reservado para ocasiões especiais.

Dica 8
Não coma carboidratos após o café da manhã e faça a sua última refeição às 19 horas, dando tempo para o seu corpo fazer a digestão antes de dormir.

DICA 9: Cuidado com o que bebe

Quando se trata de emagrecer, muitas pessoas ficam tão ocupadas pensando no que podem ou não comer que se esquecem completamente do que estão bebendo. Consumir calorias por meio de bebidas é desnecessário e algo que pode ser facilmente evitado. Os grandes vilões são refrigerantes, sucos de frutas e bebidas alcoólicas, que estão cheios de açúcares e adoçantes.

Refrigerantes e sucos de frutas

Embora os sucos de frutas possam ser uma ótima fonte de vitaminas e sais minerais, eu recomendo que você os evite. Tomar três copos de suco por dia pode equivaler a 450 g de ganho de peso por semana e, de fato, muitas pessoas que tomam sucos e refrigerantes poderiam perder peso simplesmente eliminando-os da dieta, mesmo sem nenhuma outra mudança.

Os refrigerantes são completamente desnecessários. Mesmo as versões sem açúcar e cheias de adoçante prejudicam o nível de açúcar no sangue; grandes quantidades de cafeína e adoçantes levarão a desejos incontroláveis por comida quando ocorrer a queda brusca dessas substâncias no organismo. Reserve-os para poucas ocasiões e nunca consuma-os diariamente.

Então, quais são as melhores opções?

Trate de tomar líquidos suficientes, sobretudo água e chá de ervas. Isso evitará que seu corpo retenha líquido, prevenirá falsos ataques de fome, manterá o metabolismo queimando entre as refeições, lhe proporcionará uma pele revigorada e fará você se sentir ótimo! Beba em torno de 2 litros de água por dia, acrescentando um copo para cada café que tomar.

Obviamente, a primeira escolha sempre seria água mineral, mas se você quiser acrescentar um pouco de sabor, pode espremer um limão-taiti ou limão-siciliano.

Outra excelente opção são os chás de ervas, que também podem ser consumidos gelados. Uma boa pedida é um mix de ervas emagrecedoras, vendido em lojas de produtos naturais. Esses chás têm efeito diurético sutil, que o ajudará a se livrar da retenção de líquido, melhorando a sensação de inchaço e eliminando um pouco de peso. Mas não exagere, já que podem levar a uma deficiência de vitaminas.

Dica 9
Nada de refrigerantes ou sucos de frutas! Beba ao menos 2 litros de água ou chá de ervas por dia.

DICA 10: Não seja guloso

Quando se trata de mudar hábitos alimentares, uma coisa importante que se deve fazer é reavaliar o tamanho das porções. Sabemos como é fácil repetir e continuar comendo até que já não conseguimos engolir outro bocado, mas isso precisa parar! Quando era criança, você provavelmente foi encorajado a comer tudo e então ganhava a sobremesa como recompensa se o prato ficasse vazio. Atitudes como essa nos condicionaram a acreditar que precisamos comer muita comida para nos sentir saciados, quando na verdade nosso estômago é do tamanho do nosso punho. Toda vez que comemos até ficar empanturrados, estamos esticando nosso estômago até o limite. E o estômago, como um balão, se esticado repetidas vezes, começa a manter a sua nova forma. Então, requer mais comida para ficar cheio... e assim nossas porções ficam cada vez maiores.

Esse hábito precisa ser quebrado, e é necessário treinar para isso. Não é fácil, mas, quando você pegar o jeito, logo se torna algo natural.

A melhor forma de controlar o tamanho da porção é seguir estas diretrizes: um pedaço de carne do tamanho da palma da mão e uma colher de sopa de azeite ou molho.

Você também precisa se lembrar de comer o mais devagar possível e prestar atenção ao que está ingerindo. Não se sente na frente da televisão, ou esvaziará o prato sem perceber. Sente-se num lugar calmo e desfrute sua refeição, mastigando bem e saboreando cada bocado.

Fique atento enquanto estiver comendo, concentre-se realmente no momento e na sua refeição e aproveite a experiência. Tente pensar no tamanho da sua fome antes de começar e reconheça a sensação quando estiver satisfeito. Então, imediatamente retire o seu prato e dispense a comida que tiver sobrado, para não se sentir tentado a voltar a comer. Trata-se de escutar seu estômago, e não sua boca, sem distrações à sua volta.

Ao obter tal controle, você será capaz de desfrutar pequenas quantidades de alimentos como chocolate e terá a determinação para parar quando tiver comido o suficiente. É ótimo poder ser um pouco permissivo de vez em quando – chocolate amargo de boa qualidade, feito com pelo menos 70% de cacau, é delicioso e tem menos açúcar e gordura saturada do que a versão ao leite, além de ser mais rico em antioxidantes. Saboreie lentamente uns quatro pedaços – é o suficiente – e então pare. É preciso ter força de vontade, pois logo você se acostuma.

Dica 10
Coma pequenas porções lentamente, em intervalos regulares, e nunca repita.

O FATOR CÂNDIDA

Se você seguiu a dieta por algumas semanas, mas não está perdendo peso, é possível que isso se deva a uma proliferação de cândida em seu organismo. Trata-se de um fungo que pode prosperar em lugares quentes e úmidos, com um pouco de açúcar ou álcool. Bebidas alcoólicas ou uma alimentação rica em carboidratos formam um campo fértil para a cândida.

Para muitas pessoas, os primeiros sinais de um problema com cândida podem ser uma infecção por fungo, como pé-de-atleta, infecções nas unhas, aftas ou erupções cutâneas escamosas; ou ainda dores de cabeça, irritabilidade, azia ou flatulência. Mas se você está pensando que, por nunca ter tido esses sinais, não tem com que se preocupar, pode estar enganado! Menos suor ou uma rotina de higiene mais eficaz para evitar condições prolongadas de calor e umidade na pele podem explicar a ausência de sintomas externos, mas certamente não significa que a cândida não esteja se escondendo em algum lugar, onde pode causar danos se deixada ali por muito tempo.

Quando se proliferam no aparelho digestório, seus esporos danificam as paredes do intestino, levando, com o tempo, a um problema chamado síndrome da hiperpermeabilidade intestinal. Como o nome sugere, partículas de alimentos, toxinas e alérgenos podem permear o intestino e vazar para a corrente sanguínea. O intestino funciona como uma barreira, auxiliando o sistema imunológico no combate a vírus e bactérias que entram no corpo. Quando está hiperpermeável, deixa entrar alérgenos prejudiciais, que normalmente seriam eliminados sem causar reação. Isso, por sua vez, pode, aos poucos, levar a alergias a alimentos que um dia eram apreciados. Além dos problemas de saúde causados por essa proliferação, ela também pode dificultar o emagrecimento.

O que fazer para se livrar da cândida:

- Evite todos os produtos fermentados, como levedura de cerveja, patê de carne, vinagre, cogumelo, carne e peixe processados.
- Evite queijos, manteiga, ovos, maionese, sour cream e molho de soja.
- Peça a seu médico para lhe receitar suplementos probióticos. Isso regulará o seu sistema digestório, recolonizando-o com bactérias benéficas e promovendo uma melhora rápida.
- Aumente a sua ingestão de aspargo, alho, alho-poró, cebola e alcachofra para permitir que o tipo de fibra que eles contêm atue como prebiótico, restaurando o equilíbrio da flora intestinal.

O PLANO DA NOVA DIETA

Agora que você concluiu a preparação, deve estar se sentindo mentalmente mais forte e mais otimista. Também já leu as dicas para emagrecer e está pronto para colocá-las em prática. Seguindo esse plano identificado por cores, você pode educar a si mesmo e ao seu corpo para fazer as escolhas certas que transformarão suas atitudes em relação à comida.

Os resultados serão imediatos, mas essa dieta é muito mais do que uma solução emergencial. É um conjunto de diretrizes para uma nova maneira de alcançar a nutrição ideal e saúde para a vida toda. Se seguir esse plano por cerca de três meses, entenderá as escolhas erradas que estava fazendo. Você vai precisar de uma balança para pesar os alimentos até se acostumar às quantidades das porções, mas logo conseguirá avaliar suas refeições sem ela. A ideia não é focar em pesar e contar, mas chegar a um ponto em que siga uma dieta saudável naturalmente, entendendo o que é comer bem.

Todas as receitas deste livro se encaixam nesse plano. Use-as até se sentir confiante para elaborar suas próprias refeições. Algumas lhe dão um bônus – uma colherada extra de iogurte ou uma quantidade um pouco maior de algum alimento – para que os pratos sejam tão deliciosos quanto saudáveis. Tais variações são parte de uma alimentação equilibrada e serão compensadas.

Cardápios

Selecione com base nas receitas já calculadas ou crie suas próprias refeições escolhendo o número estipulado de alimentos de cada cor. Homens e mulheres seguem o mesmo plano, mas os homens podem tomar um shake à tarde. Você pode comer à vontade da lista de alimentos liberados.

Café da manhã: ½ **azul** + 1 **amarelo** + 1 **vermelho** – por exemplo, 1 fatia de presunto + 1 colher (sopa) de manteiga + 4 biscoitos de aveia

Almoço: 1 **azul** + 1 **amarelo** + 1 **verde**

Shake da tarde (somente para os homens): 1 colher (sopa) de whey protein isolate powder misturada com um pouco de água e 100 ml de iogurte natural

Jantar: 1 **azul** + 2 **amarelos** + 1 **verde**

Antes de dormir: ½ caneca de leite morno

OS GRUPOS DE ALIMENTOS

Aqui estão as listas de alimentos por categoria: roxo para os alimentos liberados, azul para as proteínas, amarelo para as gorduras, vermelho para os carboidratos e verde para os vegetais. Copie-as e cole na porta da geladeira para consultar sempre. Uma vez por semana, delicie-se com uma das receitas doces deste livro, formuladas para não impactar o nível de açúcar no sangue.

Roxo – Alimentos liberados

Essa deve se tornar a sua seção favorita, já que você pode usar esses alimentos onde quiser e em qualquer refeição. Nos casos em que a quantidade máxima diária é relevante, há indicação.

Condimentos e outros alimentos
- alcaparra
- alga nori
- 2 filés de aliche
- 5 azeitonas
- café
- caldo caseiro ou industrializado
- chá
- 1 clara
- ervas e especiarias
- 2 colheres (chá) de iogurte natural
- um pouco de leite semidesnatado
- levedura de cerveja
- suco de limão-taiti ou limão-siciliano
- macarrão shirataki
- 1 colher (chá) de maisena
- missoshiru
- molho de hortelã
- 1 colher (sopa) de molho de ostra
- molho de peixe
- molho de soja light (com redução de sódio)
- 1 colher (sopa) de molho de tomate mexicano
- molho gravy instantâneo
- molho inglês
- mostarda
- óleo culinário spray de baixa caloria
- 1 colher (sopa) de passata de tomate
- pepino, cebola e repolho em conserva
- pimenta-do-reino
- 1 colher (chá) de purê de tomate
- tabasco
- ½ lata (200 g) de tomate pelado
- 2 tomates secos
- vinagre balsâmico
- vinagre de vinho ou de arroz

Vegetais
- agrião
- aipo
- aipo-rábano
- alface (todas as variedades)
- alho
- aspargo
- beterraba
- brócolis
- broto de feijão
- cebola
- cebolinha
- cenoura
- couve
- couve-flor
- espinafre
- nabo
- pepino
- pimentas vermelhas
- rabanete
- repolho
- rúcula
- estévia em pó
- tomate
- vagem

Azul – Proteínas

Essa é a seção de proteínas, que deve ser a parte principal das suas refeições. Combine-as de maneira criativa.

Queijos
- 60 g de brie
- 60 g de camembert
- 50 g de cheddar
- 200 g de cottage
- 50 g de cream cheese
- 60 g de muçarela
- 40 g de parmesão
- 50 g de queijo azul
- 80 g de queijo de cabra macio
- 80 g de queijo feta

Laticínios e vegetarianos
- 3 linguiças vegetarianas (de boa qualidade)
- 2 ovos
- 50 g de whey protein isolate powder
- 200 g de tofu firme

Peixes
- 150 g de atum em conserva de água
- 200 g de filé de atum
- 200 g de frutos do mar, incluindo caranguejo, camarão e lula
- 200 g de peixe branco, incluindo bacalhau, hadoque, merluza, linguado e pescada
- 100 g de peixe gordo, incluindo cavala e arenque
- 150 g de peixe-espada
- 130 g de salmão
- 100 g de salmão defumado
- 160 g de sardinha
- 150 g de truta

Carnes e aves
- 4 fatias de bacon
- 100 g de filé sem gordura
- 100 g de carne bovina magra ou moída
- 130 g de carne de cervo
- 150 g de filé de cordeiro
- 180 g de peito de frango
- 4 fatias de peito de frango ou de peru cozido
- 150 g de pato
- 200 g de carne de peru
- 150 g de carne de peru moída
- 70 g de carne de porco
- 70 g de carne de porco moída
- 2 fatias de presunto
- 10 fatias finas de presunto cru ou outro presunto curado

Nozes, castanhas e sementes
- 2 colheres (sopa) de creme de amendoim (sem adição de açúcar) ou de avelã
- 35 g de farinha de amêndoa
- 35 g de oleaginosas, incluindo amêndoa, amendoim cru e sem sal, castanha-de-caju, pistache
- 30 g de nozes
- 10 g de sementes de gergelim
- 35 g de sementes de girassol

Amarelo – Gorduras

Esses alimentos são ricos em gorduras – boas e ruins. É preciso um pouco de gordura na sua dieta, mas tente escolher as monoinsaturadas e poli-insaturadas; quanto às saturadas, nada saudáveis, consuma ocasionalmente (pp. 24-5). Pese as nozes e castanhas e consuma 15-20 g, que equivalem a 100 kcal.

Carnes
- 4 fatias de bacon
- 3 fatias de presunto cru

Queijos e laticínios
- 30 g de brie
- 30 g de camembert
- 100 g de cottage
- 20 g de cheddar
- 1 colher (sopa) cheia de cream cheese
- 60 g de sour cream
- 2 colheres (sopa) de creme de leite fresco
- 2 colheres (sopa) de coalhada
- 200 ml/1 xícara de leite de vaca, de cabra ou de soja
- 1 colher (sopa) de manteiga
- 35 g de muçarela
- 20 g de parmesão
- 25 g de queijo azul

- 40 g de queijo de cabra macio
- 40 g de queijo feta

Nozes, castanhas e sementes
- 2 colheres (sopa) de amêndoa
- 2 colheres (sopa) de amendoim cru sem sal
- 2 colheres (sopa) de avelã
- 2 colheres (sopa) de castanha-de-caju
- 2 colheres (sopa) de castanha-do-pará
- 2 colheres (sopa) de linhaça
- 2 colheres (sopa) de macadâmia
- 2 colheres (sopa) de nozes
- 2 colheres (sopa) de pinhole
- 2 colheres (sopa) de sementes de gergelim
- 2 colheres (sopa) de sementes de girassol

- 2 colheres (sopa) de pistache

Molhos, condimentos e outros alimentos
- ¼ de abacate
- 100 g de azeitona
- 1 colher (sopa) de creme de amendoim (sem açúcar)
- 3 colheres (sopa) de leite de coco
- 1 colher (sopa) de maionese
- 3 colheres (sopa) de molho branco
- 2 colheres (sopa) de molho de raiz-forte
- 2 colheres (sopa) de molho holandês
- 1 colher (sopa) de óleo, incluindo azeite
- 1 colher (sopa) de pesto
- 1 colher (sopa) de tahine

Quem precisa de aditivos?

Na verdade, é muito fácil ver quais alimentos não estão cheios desses aditivos traiçoeiros que se infiltraram em tantos de nossos alimentos, como corantes, conservantes, aromatizantes, intensificadores de sabor, adoçantes e agentes de textura e de transformação. Basta dar uma olhada na lista de ingredientes de qualquer alimento que você compra. Quanto mais longa, maior a probabilidade de conter um monte de aditivos dos quais você simplesmente não necessita. Devolva e prefira os que têm lista curta!

Vermelho – Carboidratos

Essas são as opções para a sua porção de carboidratos no café da manhã.

Frutas
- 3 ameixas
- 1 banana
- 20 cerejas
- 5 damascos
- 1 grapefruit
- 2 kiwis
- 2 laranjas
- 2 maçãs

- 20 morangos
- 2 peras
- 2 pêssegos

Grãos
- 50 g de arroz integral
- 50 g de flocos de aveia
- 4 biscoitos de aveia
- 1 pão sírio integral

- 2 fatias médias de pão, incluindo pão preto, pão de trigo-sarraceno, pão multigrãos, pão de aveia, *pumpernickel* (pão preto alemão), pão de centeio, pão de espelta, pão ázimo, pão integral
- 70 g de farelo de trigo

Verde – Vegetais

Coma bastante desses vegetais. Até 4 xícaras formam uma porção, que pode ser misturada. Lembre-se de que muitos vegetais aparecem na seção de alimentos liberados, o que lhe dá uma grande variedade de itens para incluir na sua dieta.

Frutas e legumes
- abobrinha amarela
- abobrinha italiana
- acelga-chinesa
- alcachofra
- alho-poró
- berinjela
- cogumelo

- couve-de-bruxelas
- ervilha (1 xícara, apenas uma vez por semana)
- ervilha-torta
- folhas verdes
- limão-siciliano
- limão-taiti

- milho verde (1 xícara, apenas uma vez por semana)
- pimentas picantes (como jalapeño)
- pimentões e pimentas doces
- quiabo
- nabo (1 xícara, apenas uma vez por semana)

Lembre-se: no fim do dia, tudo se resume à ciência básica do corpo humano. Se você comer menos calorias do que o seu corpo necessita para funcionar, perderá peso. O metabolismo de todo ser humano funciona da mesma maneira; por isso, se você realmente quiser, perderá peso seguindo essa dieta. Sempre tenha em mente que a comida não controla você – é você quem controla a comida. Boa sorte!

CAPÍTULO 2
CAFÉ DA MANHÃ

Sempre ouvimos que a primeira refeição do dia é a mais importante, e é verdade – principalmente quando estamos tentando perder peso. Se começamos o dia no caminho certo e tomamos um bom café da manhã, com carboidratos complexos e boas fontes de gordura e proteína, criamos em nosso organismo uma liberação lenta e constante de açúcar, evitando quedas bruscas no nível de glicose no sangue antes do almoço. Isso significa que podemos prestar atenção à nossa vida, e não ao nosso estômago. Todas essas receitas são preparadas com porções equilibradas de carboidratos complexos, proteínas e gorduras, para garantir o melhor início possível para o seu dia. Além disso, ao acelerar seu metabolismo, evitarão que você saia da dieta por causa de ataques de fome no meio da manhã.

Nessa dieta, o café da manhã é o único momento do dia em que podemos incluir uma boa fonte de carboidrato; portanto, aproveite a oportunidade. Levante-se um pouco mais cedo e encontre tempo para aproveitar e saborear cada bocado.

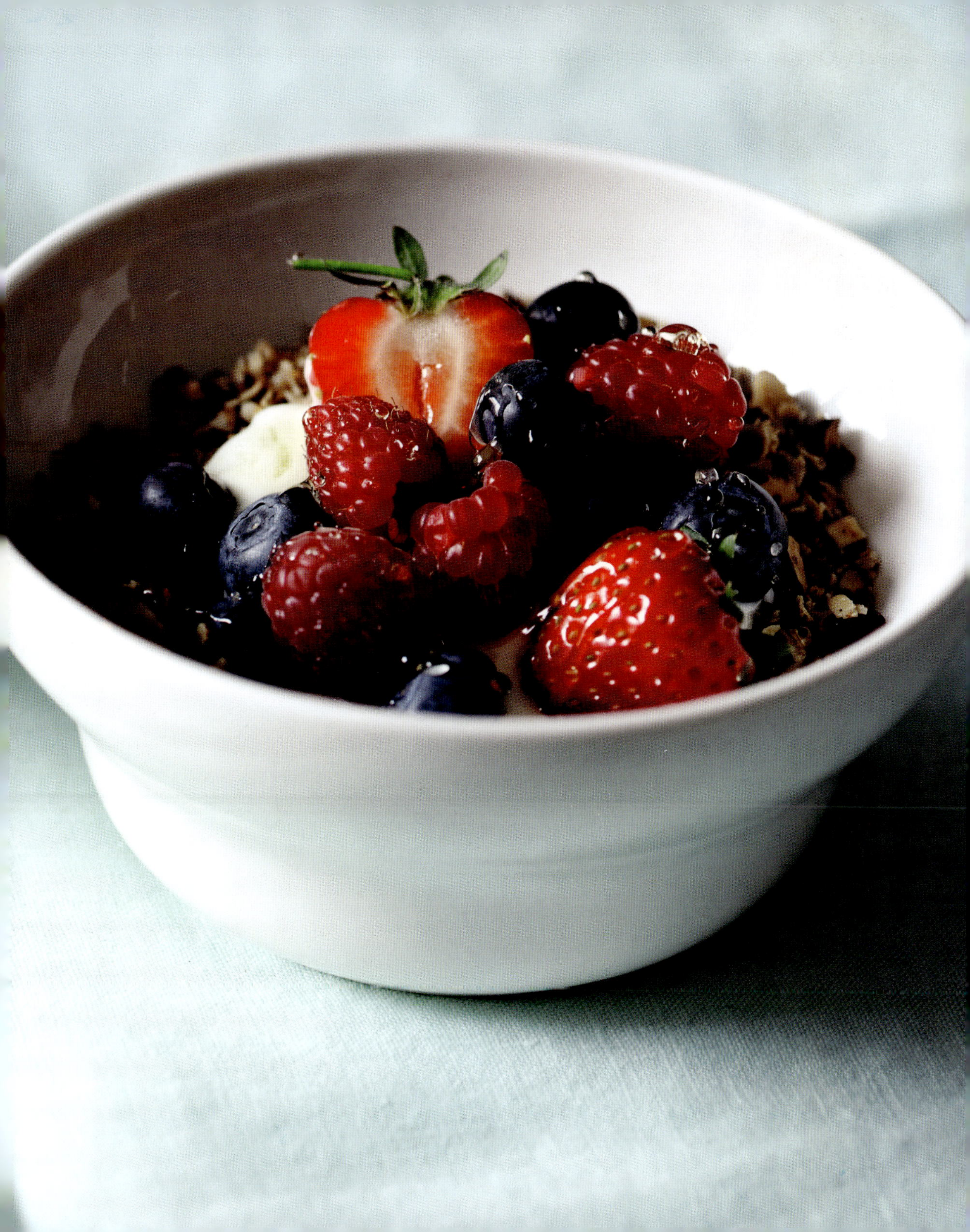

2 maçãs descascadas e cortadas em quartos

2 peras descascadas e cortadas em quartos

½ avocado

20 g de farinha de amêndoa

1½ colher (sopa) de iogurte natural

2 colheres (chá) de maple syrup

1 colher (chá) de extrato de amêndoa

um punhado de gelo

Smoothie de frutas e amêndoa

Rende: 2 porções

Tempo de preparo: 10 minutos

CADA PORÇÃO CONTÉM
- Calorias: 352 kcal
- Gorduras: 17 g
- Carboidratos: 39 g

Embora essa receita possa parecer um pouco incomum, não deixe de experimentá-la – você terá uma agradável surpresa!

1. Bata todos os ingredientes no liquidificador ou no processador até obter uma consistência espessa e cremosa.
2. Coloque o smoothie em dois copos grandes e sirva.

2 bananas

200 g de morango

400 ml de leite de aveia

1½ colher (sopa) de iogurte natural

2 colheres (chá) de maple syrup

½ colher (chá) de canela em pó

4 colheres (sopa) de whey protein isolate powder sabor baunilha

Smoothie de banana e morango

Rende: 2 porções

Tempo de preparo: 10 minutos

CADA PORÇÃO CONTÉM
- Calorias: 373 kcal
- Gorduras: 4 g
- Carboidratos: 56 g

Essa é uma ótima receita para quem gosta de um café da manhã para viagem. Bata todos os ingredientes no liquidificador e saboreie o smoothie a caminho do trabalho.

1. Bata todos os ingredientes no liquidificador ou no processador até obter uma consistência espessa e cremosa.
2. Coloque o smoothie em dois copos grandes e sirva.

Frutas

43

2 maçãs vermelhas descascadas
e cortadas em cubos
4 damascos cortados em cubos
1 talo de aipo cortado em cubos

30 g de nozes picadas
300 ml de iogurte natural
2 colheres (chá) de suco de
limão-siciliano

2 colheres (chá) de maple syrup
½ colher (chá) de canela em pó

Salada de frutas com iogurte

Rende: 2 porções

Tempo de preparo:
10 minutos

CADA PORÇÃO CONTÉM
- Calorias: 354 kcal
- Gorduras: 17 g
- Carboidratos: 47 g

Essa é uma excelente receita de verão, que fica ainda melhor quando saboreada sob o sol. Refrescante e leve, sacia a fome sem pesar no estômago. Talvez até traga um pouco de brilho a uma manhã chuvosa. Use as maçãs vermelhas de sua preferência. Veja a foto ao lado.

1. Coloque a maçã, o damasco, o aipo e as nozes em uma tigela grande. Acrescente o iogurte, o suco de limão, o maple syrup e misture bem.
2. Polvilhe com canela e sirva.

300 g de mirtilo
400 g de morango cortado em cubos
1 grapefruit cortado em cubos
1 talo de aipo bem picado

100 g de coco ralado
2 colheres (chá) de maple syrup
200 ml de iogurte grego natural
½ colher (chá) de canela em pó

Frutas com iogurte de coco

Rende: 2 porções

Tempo de preparo:
10 minutos

CADA PORÇÃO CONTÉM
- Calorias: 582 kcal
- Gorduras: 34 g
- Carboidratos: 60 g

O coco transforma essa receita em um delicioso e exótico coquetel de frutas frescas para se começar bem o dia.

1. Coloque o mirtilo, o morango, o grapefruit e o aipo em uma tigela grande. Em outro recipiente, junte o coco, o maple syrup e o iogurte e misture bem.
2. Sirva a salada de frutas com o iogurte por cima e, para finalizar, polvilhe com um pouco de canela.

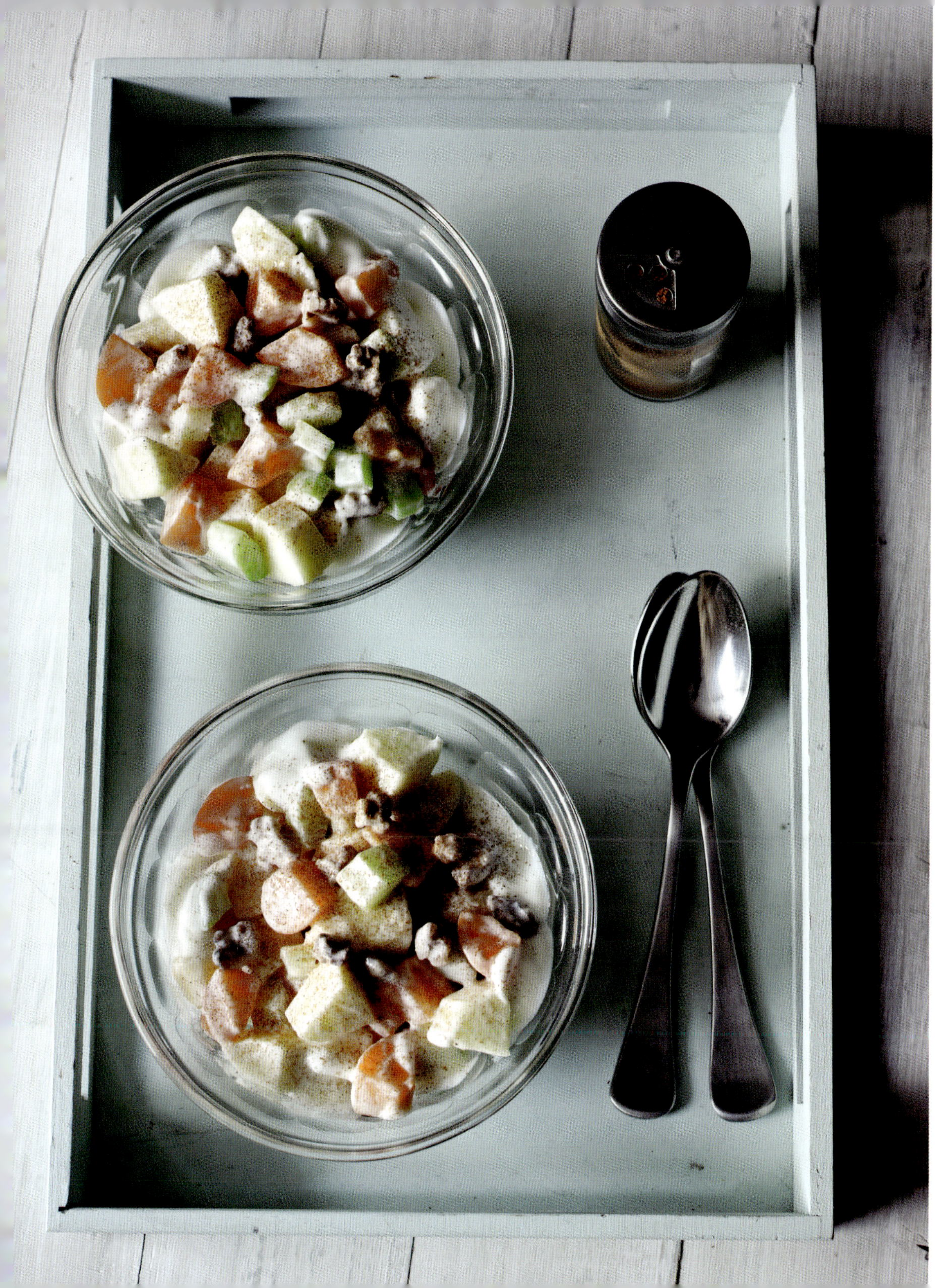

100 g de flocos de aveia
35 g de amêndoa picada
2 colheres (sopa) de manteiga
2 colheres (chá) de estévia em pó

1 colher (chá) de extrato de baunilha
1 colher (chá) de canela em pó
1½ colher (sopa) de iogurte natural
1 colher (chá) de maple syrup

dois punhados de frutas vermelhas, para servir

Granola com iogurte e frutas vermelhas

Rende: 2 porções

Tempo de preparo: 10 minutos

Tempo de cozimento: 20 minutos

Essa receita fará sucesso com toda a família graças à combinação da agradável textura da granola crocante com o iogurte doce e cremoso. Também usa estévia, um adoçante natural que pode ser encontrado em lojas de produtos naturais. Prepare a granola com antecedência para um café da manhã reparador e nutritivo antes do trabalho. Aprecie como esse prato fica apetitoso (veja fotos nas pp. 40-1).

1 Preaqueça o forno em temperatura média (170°C) e forre uma assadeira com papel-manteiga. Misture a aveia e a amêndoa picada em uma tigela.

2 Coloque a manteiga, a estévia em pó, o extrato de baunilha e a canela em uma panela antiaderente e leve ao fogo baixo, mexendo até derreter e misturar bem. Junte a mistura de amêndoa e mexa para envolver todos os ingredientes secos. Transfira para a assadeira e espalhe uniformemente.

3 Asse por cerca de 10 minutos; retire do forno, mexa bem e asse por mais 10 minutos, até dourar. Deixe esfriar e guarde em um recipiente hermético.

4 Sirva a granola sobre o iogurte e regue com um fio de maple syrup. Finalize com um punhado de frutas vermelhas.

CADA PORÇÃO CONTÉM

- Calorias: 451 kcal
- Gorduras: 27 g
- Carboidratos: 38 g

100 g de flocos de aveia
400 ml de leite de aveia
40 g de amêndoa
1 colher (chá) de canela em pó

1 colher (chá) de noz-moscada ralada na hora
½ colher (chá) de gengibre ralado
2 cravos-da-índia

½ colher (chá) de extrato de baunilha
2 colheres (chá) de maple syrup
1½ colher (sopa) de iogurte natural, para servir

Mingau de amêndoa e especiarias

Rende: 2 porções

Tempo de preparo:
5 minutos

Tempo de cozimento:
30 minutos

Esse mingau é inspirado na culinária indiana, perfeito para um dia frio de inverno. As especiarias ativam a circulação e mantêm o corpo aquecido durante toda a manhã. E, é claro, a aveia é a base perfeita para uma lenta liberação de energia. Assim, no meio da manhã você não estará sentindo fraqueza e não terá de recorrer a um lanchinho açucarado.

1. Coloque todos os ingredientes, exceto o iogurte, em uma panela antiaderente e leve ao fogo baixo por cerca de 30 minutos, mexendo sempre, até obter uma consistência espessa e cremosa.
2. Sirva com uma colherada generosa de iogurte natural por cima.

CADA PORÇÃO CONTÉM

- Calorias: 435 kcal
- Gorduras: 18 g
- Carboidratos: 54 g

Grãos

PARA O PÃO DE CENTEIO E AMÊNDOA

óleo culinário spray de baixa caloria

210 ml de leite morno semidesnatado

1½ colher (chá) de fermento biológico seco

2 colheres (sopa) de estévia em pó

250 g de farinha de centeio

250 g de farinha de trigo enriquecida, mais um pouco para polvilhar

1 colher (chá) de sal marinho refinado

1 colher (chá) de canela em pó

25 g de farinha de amêndoa

PARA A RABANADA

1 colher (sopa) de manteiga

½ colher (chá) de extrato de baunilha

½ colher (chá) de canela em pó

2 ovos levemente batidos

1 colher (chá) de maple syrup

Rabanada com amêndoa

Rende: 2 porções

PARA O PÃO:
Tempo de preparo: 25 minutos, mais 3h30 para crescer

Tempo de cozimento: 45 minutos

PARA A RABANADA:
Tempo de preparo: 5 minutos

Tempo de cozimento: 5 minutos

Para os que gostam de algo doce, essa clássica receita é a maneira perfeita de começar o dia. Se usar uma máquina de fazer pão, coloque os ingredientes líquidos e depois os sólidos, substituindo o fermento biológico seco pelo instantâneo.

1. Para fazer o pão, unte uma tigela com óleo culinário spray de baixa caloria e forre uma assadeira com papel-manteiga. Aqueça o leite e 175 ml de água morna em fogo baixo. Acrescente o fermento e deixe por 10 minutos, até espumar.

2. Coloque os ingredientes restantes do pão em uma tigela e mexa bem. Junte a mistura com o fermento, formando uma massa. Vire-a sobre uma superfície de trabalho levemente enfarinhada e sove por cerca de 10 minutos, até ficar homogênea e elástica. Transfira-a para a tigela untada, cubra com filme de PVC e um pano de prato e deixe crescer em local quente por 2h30, até dobrar de tamanho.

3. Elimine o ar da massa, vire-a sobre uma superfície levemente enfarinhada e sove outra vez por 1-2 minutos. Modele a massa como uma bola compacta e coloque-a na assadeira. Polvilhe com um pouco de farinha, cubra com um pano de prato limpo e deixe crescer em local quente por mais 45 minutos.

4. Preaqueça o forno em temperatura média (180ºC). Descubra o pão e asse por 40 minutos, até dourar. Transfira para uma grade e deixe esfriar.

5. Para fazer a rabanada, corte duas fatias do pão. Derreta a manteiga em uma frigideira antiaderente. Bata os ovos com a baunilha e a canela em uma tigela rasa, então passe as fatias de pão pelo ovo, para absorverem o líquido. Frite-as na manteiga por 2 minutos de cada lado, até dourar; regue com o maple syrup e sirva.

CADA PORÇÃO CONTÉM

- Calorias: 300 kcal
- Gorduras: 14 g
- Carboidratos: 34 g

POR FATIA DE PÃO

- Calorias: 176 kcal
- Gorduras: 3 g
- Carboidratos: 31 g

Pães

4 fatias de bacon de espessura média

2 fatias de Pão de azeitona (p. 52)

1 colher (sopa) de cream cheese

4 tomates-cereja bem picados

2 talos de cebolinha-francesa bem picados

pimenta-do-reino moída na hora

Bacon crocante e cream cheese no pão rústico de azeitona

Rende: 2 porções

Tempo de preparo:
5 minutos, mais o preparo do pão

Tempo de cozimento:
15 minutos

Esse é um dos meus deleites favoritos para o fim de semana. Não é um prato para o dia a dia, já que o bacon não é a mais saudável das opções, mas, de vez em quando, como parte de uma dieta equilibrada, é perfeitamente aceitável.

1. Preaqueça o forno em temperatura alta (200°C) e forre uma assadeira com papel-alumínio. Coloque o bacon na assadeira e leve ao forno por cerca de 15 minutos, ou até ficar crocante.

2. Enquanto isso, preaqueça o forno elétrico na função grill em temperatura alta e toste ambos os lados do pão.

3. Coloque o cream cheese em uma tigela e mexa para amolecê-lo um pouco, então acrescente o tomate e a cebolinha e tempere com pimenta-do-reino a gosto. Misture delicadamente todos os ingredientes. Sirva a mistura de cream cheese sobre a torrada quente de pão rústico de azeitona (p. 52) e finalize com as fatias de bacon crocante.

CADA PORÇÃO CONTÉM

- Calorias: 238 kcal
- Gorduras: 15 g
- Carboidratos: 13 g

Pães

PARA O PÃO DE AZEITONA

óleo culinário spray de baixa caloria

420 g de farinha de trigo integral enriquecida, mais um pouco para polvilhar

1½ colher (chá) de fermento em pó

½ colher (chá) de bicarbonato de sódio

1 colher (chá) de canela em pó

4 colheres (sopa) de manteiga cortada em cubinhos, mais um pouco para untar

1 ovo pequeno levemente batido

300 ml de iogurte natural

½ colher (sopa) de maple syrup

15 azeitonas pretas ou verdes sem caroço e cortadas em rodelas finas

PARA OS OVOS MEXIDOS

2 ovos

1 clara

1 colher (sopa) de leite

pimenta-do-reino moída na hora

50 g de linguiça cortada em cubos

½ pimentão vermelho bem picado

4 folhas de coentro bem picadas

2 tomates em rodelas

Linguiça e ovo no pão de azeitona

Rende: 2 porções

PARA O PÃO:
Tempo de preparo:
15 minutos, mais 3 horas para crescer

Tempo de cozimento:
35 minutos

PARA OS OVOS MEXIDOS:
Tempo de preparo:
8 minutos

Tempo de cozimento:
15 minutos

CADA PORÇÃO CONTÉM
- Calorias: 322 kcal
- Gorduras: 18 g
- Carboidratos: 24 g

POR FATIA DE PÃO
- Calorias: 124 kcal
- Gorduras: 7 g
- Carboidratos: 11 g

Essa receita também funciona na máquina de fazer pão e rende dez fatias. Use uma fatia por porção para essa delícia inspirada na culinária espanhola e ainda sobrará para outras receitas. Também é uma ótima maneira de aproveitar pão amanhecido.

1. Para fazer o pão, unte uma tigela grande com óleo culinário spray de baixa caloria. Misture a farinha, o fermento, o bicarbonato de sódio e a canela em outra tigela grande. Amasse a manteiga com a ponta dos dedos até formar uma farofa.

2. Acrescente os demais ingredientes do pão e misture até formar a massa; transfira para uma superfície levemente enfarinhada e sove até ficar maleável e não grudenta. Coloque na tigela untada, cubra com filme de PVC e um pano e deixe descansar em local quente por cerca de 3 horas, até dobrar de tamanho.

3. Preaqueça o forno em temperatura média (190°C) e unte uma assadeira. Modele a massa e coloque-a na assadeira. Leve ao forno por 35 minutos, até dourar; para confirmar se está assado, dê uma batida na base – deve emitir um som oco. Deixe esfriar sobre uma grade.

4. Bata os ovos, a clara, o leite e uma pitada de pimenta. Coloque a linguiça e o pimentão em uma panela antiaderente e refogue em fogo baixo por 5 minutos. Acrescente a mistura de ovos e mexa constantemente por 5 minutos, até estarem bem cozidos; tire do fogo e junte o coentro. Transfira os ovos mexidos para um prato, cubra e mantenha-os aquecidos. Preaqueça o forno elétrico na função grill em temperatura alta. Grelhe o tomate por alguns minutos de ambos os lados. Torre duas fatias do pão. Acomode os ovos mexidos sobre as fatias e sirva com os tomates.

100 g de filé de salmão sem pele
2 rodelas de limão-siciliano
dois punhados generosos de folhas de espinafre

2 fatias de Pão de nozes (p. 59)
2 colheres (sopa) de azeite
½ colher (sopa) de suco de limão-siciliano

½ dente de alho
pimenta-do-reino moída na hora

Salmão ao limão no pão de nozes

Rende: 2 porções

Tempo de preparo:
10 minutos, mais o preparo do pão

Tempo de cozimento:
25 minutos

Se consumidos regularmente, o salmão e as nozes promovem uma melhora notável na aparência da pele. Esse é apenas um dos motivos pelos quais os peixes gordos devem ser sempre a sua primeira escolha nas refeições.

1. Preaqueça o forno em temperatura média (180°C). Coloque um quadrado de papel-alumínio de 35 cm em uma assadeira e acomode o filé de salmão no centro. Tempere com um pouco de pimenta-do-reino e acomode as rodelas de limão por cima. Embrulhe o salmão com o papel-alumínio, unindo e dobrando as pontas para formar um pacote fechado. Leve ao forno por cerca de 25 minutos. Abra o pacote com cuidado para conferir se o salmão está tenro; o filé deve se desfazer facilmente quando espetado com um garfo.
2. Perto do fim do tempo de cozimento, refogue o espinafre em uma panela com 1 colher (sopa) de água em fogo baixo por cerca de 1 minuto, até murchar levemente. Escorra bem em uma peneira ou coador, então pressione com a parte de trás de uma colher de pau para eliminar o máximo de água possível. Preaqueça o forno elétrico na função grill em temperatura alta e torre o pão de ambos os lados.
3. Para fazer o molho, junte o azeite, o suco de limão e o alho em uma tigela pequena e tempere com uma pitada de pimenta-do-reino; bata até misturar bem.
4. Divida o espinafre entre as torradas de pão de nozes (p. 59). Desfie grosseiramente o salmão e espalhe por cima das torradas. Regue com o molho de azeite, para servir.

CADA PORÇÃO CONTÉM
....

- Calorias: 428 kcal
- Gorduras: 23 g
- Carboidratos: 38 g

Pães

2 tomates grandes cortados
ao meio
2 colheres (sopa) de vinagre
balsâmico
½ avocado

uma pitada de pimenta-de-caiena
2 fatias de Pão de azeitona (p. 52)
160 g de atum enlatado em água,
drenado e desfiado
um punhado de folhas de rúcula

pimenta-do-reino moída na hora
chá-verde, para servir (opcional)

Atum com avocado no pão rústico de azeitona e tomate assado com vinagre balsâmico

Rende: 2 porções

Tempo de preparo:
10 minutos, mais o preparo do pão

Tempo de cozimento:
20 minutos

O casamento perfeito de atum e avocado vai muito bem com o sabor alcalino do pão rústico de azeitona (p. 52) contrastando com a acidez do tomate... uma combinação deliciosa para começar o dia com o pé direito. Esse pão foi feito com azeitona preta, mas use a verde, se preferir.

1   Preaqueça o forno em temperatura média (180°C). Coloque os tomates em uma assadeira, com o lado cortado para cima, e regue com metade do vinagre balsâmico. Asse por 15-20 minutos.

2   Enquanto isso, coloque o avocado e a pimenta-de-caiena em uma tigela, tempere a gosto com pimenta-do-reino e amasse.

3   Quando os tomates estiverem quase prontos, preaqueça o forno elétrico na função grill em temperatura alta e torre o pão rústico de azeitona de ambos os lados. Espalhe uma camada de avocado sobre o pão e uma colherada de atum por cima. Cubra com um pouco de rúcula, acomode os tomates ao lado e regue com o vinagre balsâmico restante. Sirva com chá-verde, se desejar.

CADA PORÇÃO CONTÉM

- Calorias: 291 kcal
- Gorduras: 14 g
- Carboidratos: 24 g

Pães

2 ovos
2 fatias de Pão de centeio e amêndoa (p. 48)
dois punhados generosos de folhas de espinafre
sal e pimenta-do-reino moída na hora

PARA O MOLHO HOLANDÊS
1 colher (chá) de vinagre de maçã
uma pitada generosa de pimenta-branca
2 gemas
1 colher (sopa) de manteiga
1 colher (chá) de limão-siciliano

Ovo e espinafre no pão de centeio e amêndoa com molho holandês

Rende: 2 porções

Tempo de preparo: 10 minutos, mais o preparo do pão

Tempo de cozimento: 5 minutos

Para quem tem um pouco de tempo pela manhã, essa é uma opção deliciosa. O molho holandês pode ser preparado no fim de semana e consumido nos dias seguintes.

1. Para fazer o molho holandês, coloque todos os ingredientes em uma panela antiaderente pequena e leve ao fogo mínimo, mexendo constantemente, por cerca de 5 minutos, até a manteiga derreter e os ingredientes se misturarem, formando um molho espesso.

2. Enquanto isso, coloque água e um pouco de sal em uma panela larga e rasa e leve ao fogo alto; quando levantar fervura, abaixe o fogo e mexa vigorosamente. Quebre 1 ovo em uma xícara e deslize-o na água. Repita com o outro ovo. Cozinhe por 3-4 minutos, até as claras ficarem firmes, mas as gemas ainda moles.

3. Enquanto prepara os ovos, preaqueça o forno elétrico na função grill em temperatura alta e torre o pão de ambos os lados. Coloque o espinafre em uma panela com 1 colher (sopa) de água e cozinhe em fogo baixo por cerca de 1 minuto, até começar a murchar. Escorra bem em uma peneira ou coador, pressionando com a parte de trás de uma colher de pau para eliminar o máximo de água possível.

4. Distribua o espinafre sobre as torradas de pão de centeio e amêndoa (p. 48) e coloque um ovo poché em cada uma. Regue com uma colherada de molho holandês e tempere com pimenta-do-reino a gosto. Sirva imediatamente.

CADA PORÇÃO CONTÉM
- Calorias: 380 kcal
- Gorduras: 19 g
- Carboidratos: 37 g

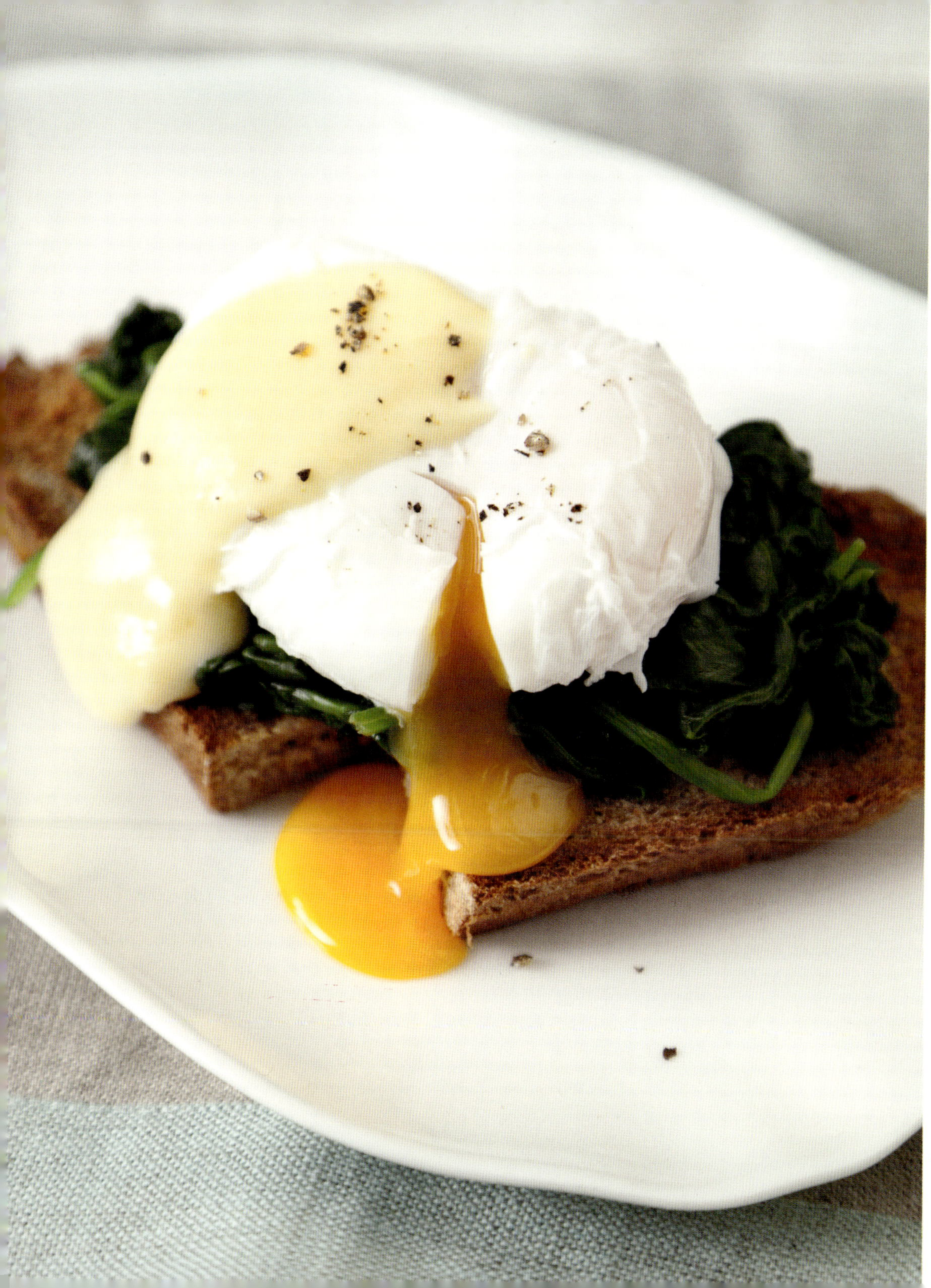

óleo culinário spray de baixa caloria
½ pimentão vermelho sem sementes picado
¼ de cebola roxa bem picada
1 dente de alho amassado
4 cogumelos cortados em fatias finas

1 colher (chá) de ervas secas mistas
2 ovos
2 claras
60 g de muçarela cortada em cubos
4 tomates grandes cortados ao meio

2 fatias de Pão de centeio e amêndoa (p. 48)
algumas folhas de manjericão bem picadas
pimenta-do-reino moída na hora

Omelete de muçarela e pimentão no pão de centeio e amêndoa

Rende: 2 porções

Tempo de preparo: 10 minutos, mais o preparo do pão

Tempo de cozimento: 25 minutos

Essa receita para o café da manhã, além de saciar a fome, é um verdadeiro deleite. A muçarela derretida dá uma textura consistente a cada mordida.

1 Borrife um pouco de óleo spray de baixa caloria em uma frigideira antiaderente com cabo refratário; coloque o pimentão, a cebola e o alho, tampe e refogue em fogo baixo por cerca de 5 minutos, mexendo de vez em quando. Acrescente os cogumelos e refogue por mais 3 minutos, até ficarem tenros. Transfira para uma tigela e deixe esfriar por alguns minutos. Junte as ervas, os ovos, as claras, a muçarela, uma pitada de pimenta-do-reino e misture bem.

2 Leve a frigideira de volta ao fogo baixo e borrife um pouco mais de óleo. Verta a mistura de ovos na frigideira, tampe e deixe cozinhar por 10-15 minutos, chacoalhando a frigideira de tempos em tempos, até o lado de baixo dourar e o lado de cima ficar quase firme.

3 Quando estiver quase cozido, preaqueça o forno elétrico na função grill em temperatura alta. Coloque as metades de tomate sobre a grelha do forno, com o lado cortado para cima, e grelhe por cerca de 4 minutos, até dourar. Torre o pão de ambos os lados. Quando a base da omelete estiver firme, leve a frigideira ao forno por cerca de 3 minutos, até a superfície começar a dourar.

4 Divida a omelete ao meio, espalhe o manjericão por cima e sirva com a torrada de pão de centeio e amêndoa (p. 48) e os tomates grelhados.

CADA PORÇÃO CONTÉM

- Calorias: **401 kcal**
- Gorduras: **14 g**
- Carboidratos: **42 g**

PARA O PÃO DE NOZES

óleo culinário spray de baixa caloria

500 g de farinha de trigo integral enriquecida

1 colher (chá) de fermento seco de rápida ação

1 colher (chá) de canela em pó

1 colher (chá) de noz-moscada ralada

2 colheres (sopa) de nozes picadas

1 colher (sopa) de azeite

1 colher (sopa) de maple syrup

PARA O CREME DE AMENDOIM

2 colheres (sopa) de creme de amendoim sem açúcar

1 colher (sopa) de whey protein isolate powder sabor chocolate

1 colher (chá) de maple syrup

Pão de nozes com creme

Rende: 2 porções

PARA O PÃO:
Tempo de preparo:
30 minutos, mais
1h30 para crescer

Tempo de cozimento:
25 minutos

PARA O CREME:
Tempo de preparo:
5 minutos

Tempo de cozimento:
5 minutos

Essa é uma versão saudável daquele creme de amendoim e chocolate na torrada, um dos favoritos na nossa infância, o que pode parecer impróprio, mas que proporcionará uma lenta liberação de energia durante a manhã. Se usar a máquina de fazer pão, aumente a água para 350 ml; coloque os ingredientes líquidos, depois os secos e, por último, o fermento. Para essa receita, use uma fatia por porção.

1. Para fazer o pão, unte levemente uma tigela grande com óleo spray de baixa caloria e forre uma assadeira com papel-manteiga.

2. Em outra tigela, coloque a farinha, o fermento, a canela, a noz-moscada e as nozes e mexa até misturar bem. Meça 325 ml de água em uma jarra, acrescente o azeite e o maple syrup e misture. Despeje sobre os ingredientes secos e misture para formar a massa. Vire a massa sobre uma superfície levemente enfarinhada e sove por cerca de 10 minutos, até ficar macia e elástica. Transfira para a tigela untada, cubra com filme de PVC e um pano e deixe crescer em temperatura ambiente por 1 hora, até dobrar de tamanho.

3. Elimine o ar da massa, então sove sobre uma superfície levemente enfarinhada por alguns minutos. Modele-a como uma bola e coloque-a na assadeira forrada. Cubra com um pano e deixe crescer em temperatura ambiente por mais 30 minutos.

4. Preaqueça o forno em temperatura alta (220°C). Retire o pano e asse o pão até dourar. Transfira para uma grade e deixe esfriar.

5. Para o creme, coloque o creme de amendoim, o whey protein e o maple syrup em uma tigela e misture bem. Preaqueça o grill elétrico em temperatura alta e torre duas fatias do pão de ambos os lados. Cubra com uma camada uniforme do creme de amendoim e sirva.

CADA PORÇÃO CONTÉM

- Calorias: 320 kcal
- Gorduras: 11 g
- Carboidratos: 38 g

POR FATIA DE PÃO

- Calorias: 208 kcal
- Gorduras: 5 g
- Carboidratos: 32 g

CAPÍTULO 3
ALMOÇO

Não importa se estamos em casa ou no trabalho, se temos uma hora ou apenas dez minutos para almoçar: as receitas desta seção oferecem boas opções de pratos rápidos e simples ou possibilidades mais ousadas. Para sua conveniência, muitas delas podem ser preparadas na noite anterior, ou feitas em quantidade suficiente para congelar porções.

    Todas as opções de almoço têm pouco carboidrato, mas foram cuidadosamente balanceadas com doses suficientes de proteína, gordura e fibra. Como em todas as receitas, desde que se atenha às quantidades de cada ingrediente listado, pode-se comer o quanto quiser dos alimentos liberados (p. 36) para fazer uma refeição mais substanciosa. E, é claro, isso é sempre uma boa ideia, já que desse modo você se sentirá satisfeito por mais tempo.

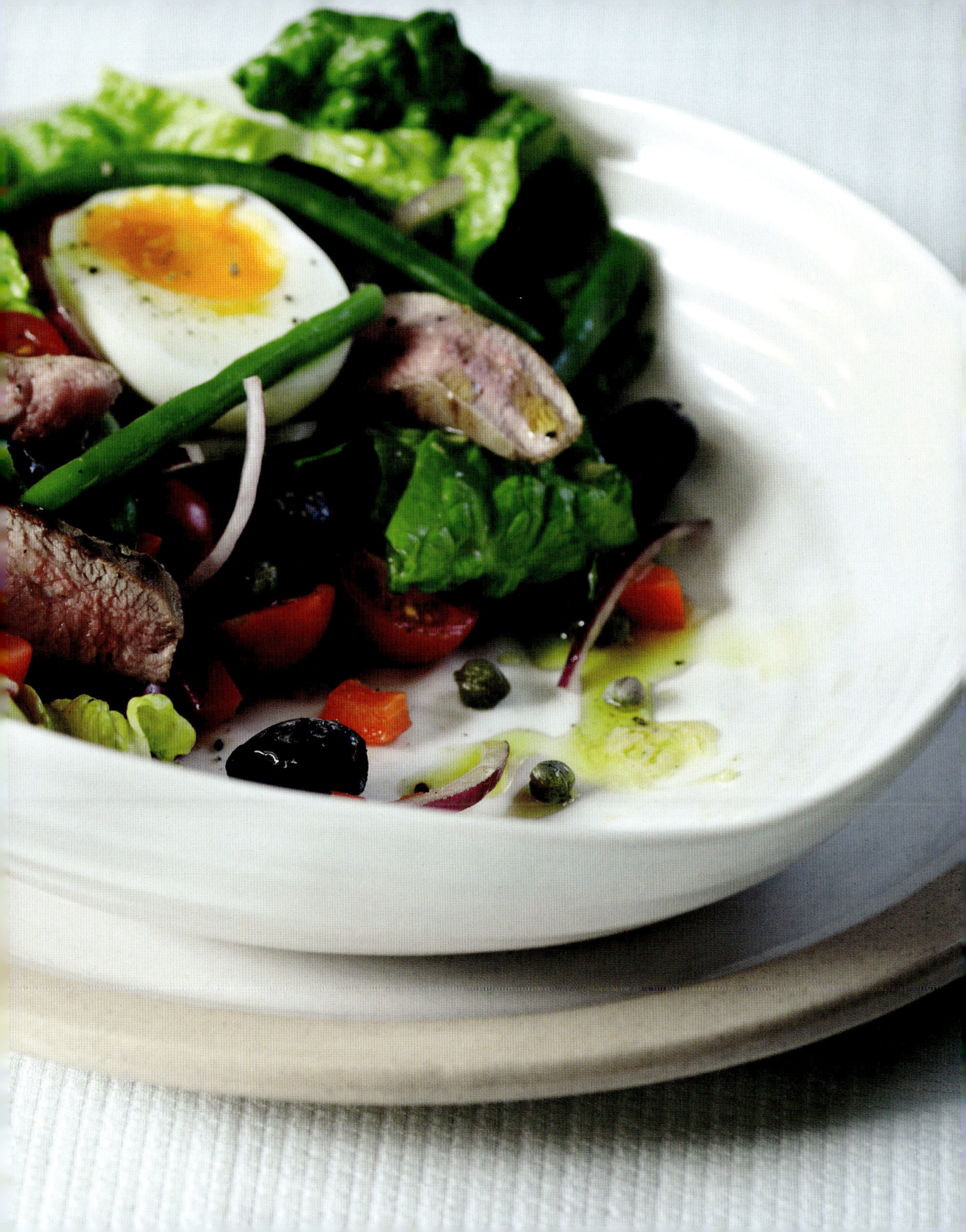

½ cebola bem picada

2 dentes de alho amassados

1 alho-poró (só a parte branca) cortado em rodelas

dois punhados de folhas de espinafre

4 fatias de bacon sem o couro e bem picadas

300 ml de caldo de galinha ou de legumes

2 colheres (sopa) de creme de leite fresco

2 gemas

pimenta-do-reino moída na hora

Sopa cremosa de bacon e alho-poró

Rende: 2 porções

Tempo de preparo: 15 minutos

Tempo de cozimento: 40 minutos

Essa sopa é saborosa e satisfaz. Pode ser feita em grande quantidade para ser congelada em pequenas porções. Se você gosta de pratos cremosos, esse é perfeito.

1. Coloque a cebola e o alho em uma panela grande antiaderente e leve ao fogo baixo; acrescente um pouco de água para evitar que os alimentos grudem na panela. Refogue por 5 minutos, mexendo de vez em quando, até amolecerem. Junte o alho-poró, o espinafre e o bacon e mexa bem; então adicione o caldo e tempere com pimenta-do-reino a gosto. Aumente o fogo; quando levantar fervura, reduza a chama, tampe e deixe cozinhar por cerca de 30 minutos, mexendo de vez em quando, até todos os ingredientes estarem tenros.

2. Tire a sopa do fogo e bata com um mixer até obter uma consistência espessa e cremosa.

3. Em uma tigela, bata o creme e as gemas até misturar completamente. Incorpore à sopa quente e sirva em seguida.

CADA PORÇÃO CONTÉM

- Calorias: 391 kcal
- Gorduras: 21 g
- Carboidratos: 14 g

Sopas

½ cebola bem picada
4 fatias de presunto cru picadas
200 ml de caldo de legumes
um punhado generoso de folhas de espinafre

dois punhados generosos de agrião
uma pitada de noz-moscada ralada na hora
2 ovos

1 colher (sopa) de coalhada
pimenta-do-reino moída na hora

Sopa de agrião com ovo cozido e presunto cru

Rende: 2 porções

Tempo de preparo:
10 minutos

Tempo de cozimento:
40 minutos

Essa sopa é um pouco mais leve e fresca, o que a torna a escolha perfeita depois de praticar atividade física, já que os antioxidantes presentes no agrião ajudam os músculos a se recuperarem e combatem danos celulares que possam ter sido causados pelo exercício. Também é um excelente diurético.

1. Coloque a cebola, o presunto, o caldo, o espinafre, o agrião e a noz-moscada em uma panela grande e tempere com pimenta-do-reino a gosto. Leve ao fogo médio; quando levantar fervura, abaixe o fogo, tampe e deixe cozinhar por cerca de 30 minutos, até ficar cremoso.
2. Enquanto isso, coloque os ovos em uma panela com água fria. Leve ao fogo alto até levantar fervura, então abaixe o fogo e deixe cozinhar por 5 minutos. Devem ficar cozidos, mas com a gema mole. Tire-os da água usando uma escumadeira e deixe esfriar o suficiente para manusear; então, descasque-os e corte-os ao meio.
3. Tire a sopa do fogo e acrescente a coalhada. Acomode os ovos na sopa, polvilhe com um pouco de pimenta-do-reino e sirva.

CADA PORÇÃO CONTÉM
• Calorias: 233 kcal
• Gorduras: 15 g
• Carboidratos: 7 g

Sopas

1 cebola grande bem picada
2 dentes de alho bem picados
1 talo de aipo bem picado
1 cenoura bem picada
600 ml de caldo de legumes
400 g de tofu macio cortado em cubos

1 folha de louro
um punhado pequeno de ramos de tomilho
15 tomates-cereja
½ colher (chá) de estévia em pó
½ colher (chá) de pimenta-do-reino moída na hora

200 g de passata de tomate
1 colher (sopa) de vinagre balsâmico
2 colheres (sopa) de creme de leite fresco

Sopa cremosa de tomate e tofu

Rende: 2 porções

Tempo de preparo: 15 minutos

Tempo de cozimento: 50 minutos

À primeira vista, essa receita pode parecer estranha, mas é uma opção vegetariana adorável, que, quando batida, cria uma sopa espessa, nutritiva e deliciosa. Graças à inclusão da proteína presente no tofu, é possível se sentir satisfeito a tarde inteira.

1. Coloque a cebola, o alho, o aipo e a cenoura em uma panela grande antiaderente e leve ao fogo médio. Acrescente um pouco do caldo e cozinhe por 5 minutos, mexendo continuamente, até os vegetais ficarem tenros.

2. Junte todos os ingredientes restantes, exceto o creme de leite. Quando levantar fervura, abaixe o fogo, tampe e deixe cozinhar por cerca de 40 minutos, até os vegetais ficarem tenros.

3. Tire do fogo e descarte o louro e o tomilho. Acrescente o creme de leite e, usando um mixer, bata até obter um creme homogêneo. Sirva quente.

CADA PORÇÃO CONTÉM

- Calorias: 282 kcal
- Gorduras: 14 g
- Carboidratos: 32 g

300 g de fígado de frango limpo
um punhado de cogumelo picado
3 dentes de alho amassados
¼ de cebola bem picada
1 colher (chá) de folhas de estragão picadas
óleo culinário spray de baixa caloria

1 colher (chá) de suco de limão- -siciliano
uma pitada de estévia em pó
2 colheres (sopa) de cream cheese
2 folhas de louro
pimenta-do-reino moída na hora

PARA OS CRUDITÉS
2 cenouras cortadas em palitos
2 talos de aipo cortados em palitos

Patê de fígado de frango e cogumelo com crudités

Rende: 2 porções

Tempo de preparo: 20 minutos, mais 15 minutos para esfriar e 1 hora para refrigerar

Tempo de cozimento: 10 minutos

Essa é uma receita excelente, pois é muito versátil. Pode ser servida como entrada ou prato principal e também é perfeita para receber amigos à tarde. Qualquer que seja a ocasião, legumes crus podem ser consumidos à vontade.

1. Coloque o fígado, o cogumelo, o alho, a cebola e o estragão em uma panela antiaderente e cozinhe em fogo médio por cerca de 10 minutos, mexendo de vez em quando, até a cebola amolecer e o fígado ficar bem cozido. Use um pouco de óleo culinário spray de baixa caloria se os ingredientes começarem a grudar. Tire do fogo e junte o suco de limão e a estévia; tempere com pimenta-do-reino a gosto e deixe esfriar.

2. Transfira a mistura para o liquidificador ou processador, acrescente o cream cheese e bata até obter uma consistência pastosa. Divida o patê em dois ramequins pequenos, nivele a superfície e coloque uma folha de louro no centro de cada um. Cubra com filme de PVC e leve à geladeira por, no mínimo, 1 hora.

3. Sirva o patê com os crudités.

CADA PORÇÃO CONTÉM
- Calorias: 188 kcal
- Gorduras: 7 g
- Carboidratos: 3 g

360 g de peito de frango sem pele cortado em tiras
1 dente de alho pequeno amassado
¼ de pimenta-malagueta sem sementes bem picada
suco de ½ limão-taiti

um punhado de folhas de coentro picadas
1 colher (sopa) de molho de soja
½ colher (chá) de páprica
1 colher (chá) de estévia em pó
8 folhas de alface-romana

PARA O GUACAMOLE
½ avocado
¼ de cebola roxa bem picada
1 dente de alho pequeno amassado
8 tomates-cereja bem picados
1½ colher (sopa) de iogurte natural
½ colher (chá) de pimenta-de-caiena
pimenta-do-reino moída na hora

Tirinha de frango ao limão com guacamole

Rende: 2 porções

Tempo de preparo:
20 minutos, mais
1 hora para marinar

Tempo de cozimento:
5 minutos

Esse prato é perfeito para um dia quente de verão. Crocantes, cremosas e refrescantes, essas delícias são uma versão renovada do wrap tradicional.

1. Em uma tigela não metálica, coloque o frango, o alho, a pimenta-malagueta, o suco de limão, o coentro, o molho de soja, a páprica e a estévia. Cubra com filme de PVC e deixe marinar na geladeira por pelo menos 1 hora.
2. Transfira a mistura de frango para uma frigideira antiaderente e cozinhe em fogo baixo por cerca de 5 minutos, mexendo de vez em quando, até o frango ficar bem cozido.
3. Enquanto isso, para fazer o guacamole, coloque a polpa do avocado em uma tigela e amasse com um garfo. Junte a cebola, o alho, o tomate e o iogurte; tempere a gosto com a pimenta-de-caiena e a pimenta-do-reino e misture bem.
4. Distribua a mistura de frango entre as folhas de alface, coloque uma colherada de guacamole em cada uma e sirva.

CADA PORÇÃO CONTÉM
- Calorias: 293 kcal
- Gorduras: 10 g
- Carboidratos: 16 g

Aves

2 filés de peito de frango sem pele (aprox. 180 g cada um)
2 dentes de alho amassados
2 colheres (sopa) de manteiga
2 colheres (sopa) de folhas de salsa
suco de ½ limão-siciliano
pimenta-do-reino moída na hora

PARA A SALADA DE VAGEM
dois punhados de vagem
3 cebolinhas bem picadas
1 dente de alho amassado
½ colher (sopa) de vinagre balsâmico
10 tomates-cereja cortados ao meio

Frango na manteiga de limão com salada quente de vagem

Rende: 2 porções

Tempo de preparo: 15 minutos

Tempo de cozimento: 20 minutos

Esse prato familiar em estilo italiano, simples, mas clássico, tem um delicioso molho de manteiga que fica perfeito com a elegante salada de vagem.

1. Preaqueça o forno em temperatura média (180°C). Coloque dois quadrados de papel-alumínio de 30 cm em uma assadeira e vire as pontas para cima, dando-lhes a forma de cestinhas, que conterão os ingredientes. Coloque um peito de frango no centro de cada uma e, por cima, o alho, a manteiga e a salsa. Regue com o suco de limão e tempere com um pouco de pimenta-do-reino. Dobre o papel-alumínio sobre o frango, então feche a parte superior para formar pacotes herméticos. Asse por 20 minutos, até o frango ficar macio e bem passado.
2. Perto do fim do tempo de cozimento, cozinhe a vagem no vapor por cerca de 5 minutos, até ficar *al dente*.
3. Enquanto isso, para preparar a salada, coloque a cebolinha, o alho e o vinagre balsâmico em uma panela antiaderente e leve ao fogo baixo; tampe e deixe cozinhar por cerca de 5 minutos, mexendo de vez em quando, até a cebola amolecer. Junte a vagem e o tomate e cozinhe por mais 2 minutos.
4. Desembrulhe o frango e acomode-o sobre a salada; regue com os sucos do cozimento e sirva.

CADA PORÇÃO CONTÉM

- Calorias: 241 kcal
- Gorduras: 14 g
- Carboidratos: 10 g

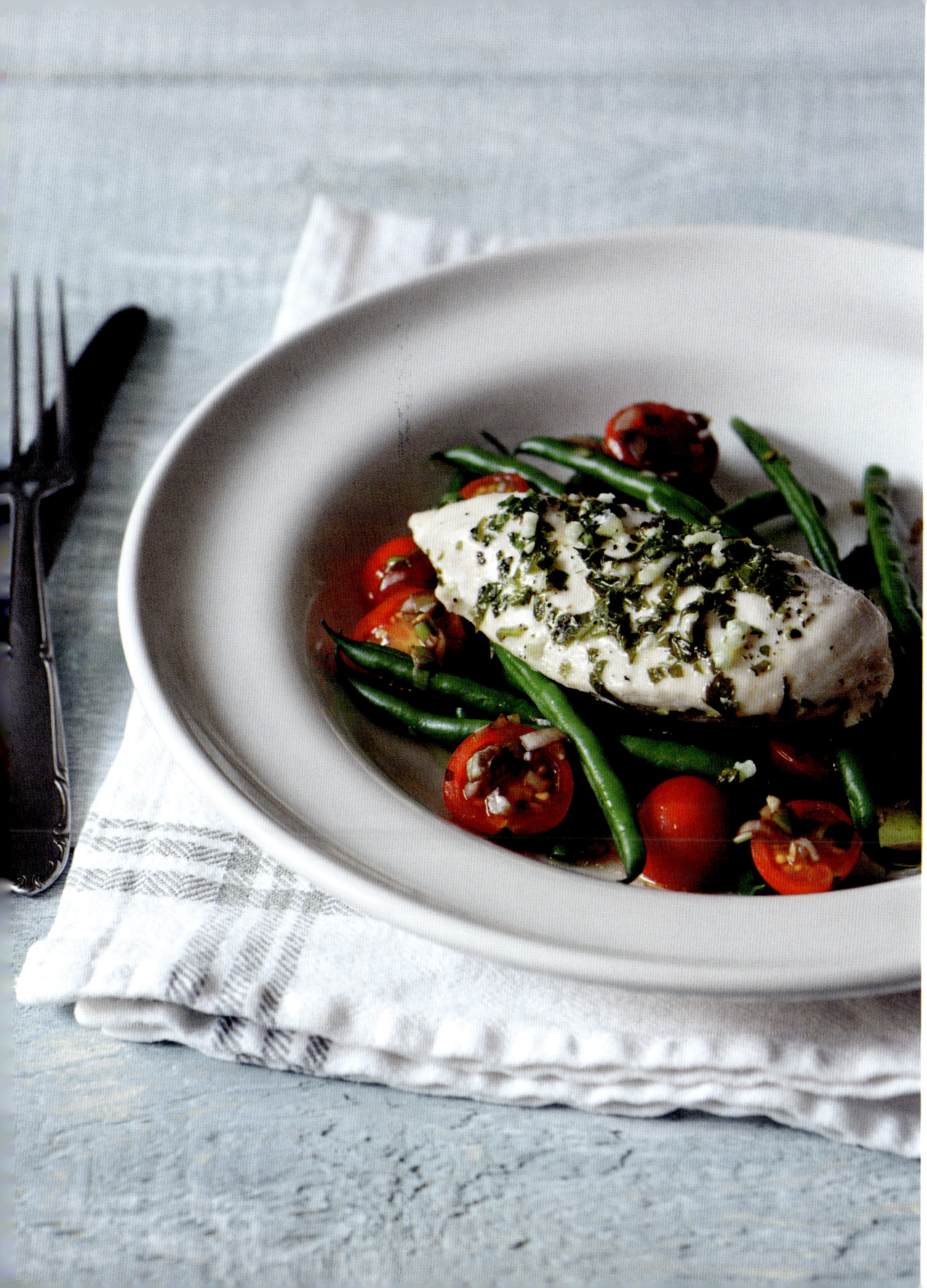

250 g de carne de peru moída
1 clara
1 colher (chá) de pimenta vermelha em pó
1 colher (chá) de pimenta-calabresa em pó
1 dente de alho amassado
2 cebolinhas bem picadas

1 colher (chá) de ervas secas mistas
½ cubo de caldo de legumes
60 g de queijo de cabra

PARA A SALSA DE TOMATE E ERVAS
10 tomates-cereja bem picados
um punhado de folhas de coentro bem picadas

½ cebola roxa bem picada
¼ de pimentão vermelho sem sementes bem picado
½ colher (chá) de estévia em pó
suco de ½ limão-taiti
pimenta-do-reino moída na hora

Hambúrguer picante de peru e queijo de cabra com salsa de tomate e ervas

Rende: 2 porções

Tempo de preparo:
20 minutos

Tempo de cozimento:
15 minutos

Se estiver morrendo de vontade de um hambúrguer clássico, gorduroso e nada saudável, experimente essa receita – o sabor é surpreendente, assim como a sensação leve e saudável que proporciona. É um lanche delicioso e dispensa o pão.

1. Coloque a carne moída, a clara, a pimenta vermelha, a pimenta-calabresa, o alho, a cebolinha e as ervas em uma tigela grande e esfarele o cubo de caldo de legumes por cima. Com as mãos umedecidas para evitar que grudem, misture bem todos os ingredientes e faça quatro hambúrgueres do mesmo tamanho.

2. Aqueça uma frigideira antiaderente em fogo médio e frite os hambúrgueres por cerca de 3 minutos de cada lado, até ficarem bem passados e começando a dourar.

3. Enquanto isso, misture todos os ingredientes da salsa. Preaqueça a grelha em temperatura alta. Quando os hambúrgueres estiverem prontos, coloque-os na grelha, cubra com o queijo e grelhe por alguns minutos até o queijo derreter.

4. Sirva os hambúrgueres com a salsa de tomate e ervas.

CADA PORÇÃO CONTÉM
- Calorias: **328 kcal**
- Gorduras: **17 g**
- Carboidratos: **12 g**

Aves

PARA O PATO CROCANTE

300 g de peito de pato sem pele cortado em tiras

2 colheres (sopa) de molho de soja

½ colher (chá) de estévia em pó

200 g de macarrão shirataki escorrido e lavado

½ pimentão amarelo sem sementes cortado em fatias

um punhado de acelga-chinesa

¼ de repolho roxo pequeno cortado em fatias finas

PARA O MOLHO DE GENGIBRE E GERGELIM

2 colheres (sopa) de óleo de gergelim

1 colher (sopa) de vinagre de vinho branco

2 colheres (chá) de gengibre ralado

1 dente de alho amassado

um punhado pequeno de folhas de coentro bem picadas

1 colher (chá) de estévia em pó

Salada de macarrão e pato com molho de gengibre e gergelim

Rende: 2 porções

Tempo de preparo: 15 minutos

Tempo de cozimento: 10 minutos

Amo servir essa receita, principalmente quando estou com muita fome. O macarrão é feito de um tipo de fibra especial que nos faz sentir satisfeitos por mais tempo; também ajuda a estabilizar o nível de açúcar no sangue e, com isso, evita sensação de fome no meio da tarde.

1. Aqueça uma frigideira antiaderente em fogo médio e junte o peito de pato, o molho de soja e a estévia. Cozinhe por 5 minutos, virando de tempos em tempos, até o pato estar bem passado e levemente crocante nas bordas. Tire o pato da frigideira e reserve.

2. Coloque o macarrão, o pimentão, a acelga-chinesa e o repolho na frigideira e cozinhe em fogo alto por cerca de 4 minutos, mexendo sempre, até aquecer e misturar bem.

3. Para fazer o molho, coloque todos os ingredientes em uma tigela e misture bem.

4. Sirva as tiras de pato sobre o macarrão e os vegetais e regue com o molho de gengibre e gergelim.

CADA PORÇÃO CONTÉM

- Calorias: 374 kcal
- Gorduras: 20 g
- Carboidratos: 16 g

Aves

2 colheres (sopa) de azeite
1 colher (chá) de suco de limão-
-siciliano
1 colher (chá) de mostarda de Dijon
200 g de peito de pato sem pele

2 ovos
um punhado de vagem
½ pimentão vermelho sem sementes cortado em cubos
1 alface-romana rasgada em pedaços

10 tomates-cereja cortados ao meio
½ cebola roxa cortada em fatias finas
10 azeitonas pretas sem caroço
2 colheres (chá) de alcaparra
pimenta-do-reino moída na hora

Salada niçoise de pato

Rende: 2 porções

Tempo de preparo:
20 minutos, mais 30 minutos para marinar

Tempo de cozimento:
20 minutos

Se estiver a fim de variar um pouco e com disposição para provar uma refeição mais ousada, por que não preparar essa versão da clássica salada niçoise usando peito de pato? (veja foto nas pp. 60-1)

1. Coloque o azeite, o suco de limão, a mostarda e um pouco de pimenta-do-reino em uma tigela não metálica e misture bem. Em outra tigela não metálica, coloque o pato e despeje quase toda a marinada por cima (reserve 1 colher de chá). Cubra com filme de PVC e leve à geladeira para marinar por 30 minutos.

2. Enquanto isso, coloque os ovos em uma panela com água fria. Leve ao fogo alto até levantar fervura; abaixe o fogo e deixe cozinhar por 5 minutos, até os ovos estarem cozidos, mas com a gema mole. Escorra e enxágue em água fria; deixe esfriar completamente, descasque e corte os ovos ao meio.

3. Em outra panela, cozinhe a vagem no vapor por cerca de 5 minutos, até ficar *al dente*. Tire da panela e enxágue em água fria.

4. Aqueça uma frigideira antiaderente em fogo médio, tire o peito de pato da marinada, coloque na frigideira com o pimentão vermelho e frite por cerca de 5 minutos de cada lado, até ficar bem passado e macio, mas ainda um pouco rosado por dentro.

5. Para montar a salada, junte a alface, o tomate, a cebola, a azeitona e a alcaparra e misture delicadamente. Corte o pato em tiras e acrescente à salada; coloque os ovos por cima e, para finalizar, regue com a marinada reservada.

CADA PORÇÃO CONTÉM

- **Calorias: 479 kcal**
- **Gorduras: 28 g**
- **Carboidratos: 26 g**

200 g de presunto magro bem picado
¼ de cebola roxa bem picada
½ abobrinha bem picada
¼ de pimentão vermelho sem sementes bem picado
1 colher (chá) de mostarda de Dijon

2 ovos levemente batidos
50 g de cheddar ralado
pimenta-do-reino moída na hora

PARA A SALADA ARCO-ÍRIS
dois punhados de folhas de espinafre baby

1 beterraba cozida cortada em cubos
1 cenoura cortada em tiras finas (use um descascador de legumes)
1 colher (sopa) de vinagre balsâmico

Omelete de presunto e abobrinha com salada arco-íris

Rende: 2 porções

Tempo de preparo: 15 minutos, mais 5 minutos para esfriar

Tempo de cozimento: 25 minutos

Uma omelete rápida acompanhada de uma salada fresca é uma refeição simples e nutritiva. Também é possível usar sobras de vegetais da seção de alimentos liberados (p. 36) para essa opção deliciosa. Brócolis e tomate maduro combinam bem; portanto, não precisam ser desperdiçados.

1. Aqueça uma frigideira antiaderente com cabo refratário em fogo baixo. Coloque o presunto, a cebola, a abobrinha e o pimentão, tampe e refogue por cerca de 5 minutos, mexendo de vez em quando, até a cebola amolecer. Transfira para uma tigela e deixe esfriar um pouco, então acrescente a mostarda, os ovos e o cheddar e tempere com pimenta-do-reino a gosto. Misture bem.

2. Reaqueça a frigideira em fogo baixo e coloque a mistura de volta, inclinando a frigideira para cobrir toda a base uniformemente. Tampe e frite por cerca de 15 minutos, chacoalhando a frigideira de vez em quando, até a base ficar firme e a omelete, cozida.

3. Para fazer a salada, coloque o espinafre, a beterraba e a cenoura em uma tigela, regue com o vinagre balsâmico e misture bem todos os ingredientes.

4. Enquanto isso, preaqueça o forno na função grill em temperatura média. Quando a base da omelete estiver firme, tire a tampa e leve a frigideira ao forno por cerca de 3 minutos, até a superfície começar a dourar. Corte a omelete ao meio e sirva com a salada arco-íris.

CADA PORÇÃO CONTÉM
- Calorias: 355 kcal
- Gorduras: 17 g
- Carboidratos: 18 g

Aves / Carnes

300 g de filé de cordeiro cortado em cubos médios

dois punhados de folhas de espinafre baby

½ cebola roxa cortada em fatias finas

½ pepino picado

1 colher (sopa) de vinagre balsâmico

80 g de queijo feta

2 colheres (sopa) de pinhole

pimenta-do-reino moída na hora

PARA O MOLHO DE IOGURTE E COENTRO

1½ colher (sopa) de iogurte natural

1 colher (sopa) de folhas de coentro bem picadas

½ dente de alho amassado

1 colher (chá) de suco de limão-
-siciliano

Salada de cordeiro e queijo feta com molho de iogurte e coentro

Rende: 2 porções

Tempo de preparo: 15 minutos

Tempo de cozimento: 5 minutos

Essa receita fresca e colorida sempre me lembra viagens de férias à Turquia, mas dei um toque pessoal a esse prato do Oriente Médio usando coentro em vez de hortelã.

1 Aqueça uma frigideira antiaderente em fogo médio e refogue o cordeiro por cerca de 3 minutos, acrescentando um pouco de água, se necessário, para evitar que a carne grude.

2 Coloque o espinafre, a cebola, o pepino e o vinagre balsâmico em uma tigela não metálica. Despedace o queijo feta e misture bem para embeber a salada no vinagre.

3 Para preparar o molho, coloque o iogurte em uma tigela pequena não metálica e junte o coentro, o alho e o suco de limão.

4 Acomode os pedaços de cordeiro sobre a salada, espalhe o pinhole por cima e tempere com pimenta-do-reino. Sirva com uma colherada do molho.

CADA PORÇÃO CONTÉM

- Calorias: 375 kcal
- Gorduras: 23 g
- Carboidratos: 15 g

Carnes

½ cebola bem picada

1 dente de alho amassado

1 colher (chá) de cominho em pó

1 colher (chá) de pimenta vermelha em pó

1 colher (chá) de coentro em pó

½ colher (chá) de pimenta-de-caiena

200 g de carne de cordeiro moída

1 clara

1 pimentão amarelo sem sementes cortado em pedaços grandes

1 abobrinha em fatias grossas

óleo culinário spray de baixa caloria

dois punhados de folhas de rúcula

pimenta-do-reino moída na hora

PARA O MOLHO DE MOSTARDA

70 ml de coalhada

½ colher (sopa) de mostarda extraforte

1 colher (chá) de maple syrup

1 colher (chá) de suco de limão--siciliano

uma pitada de pimenta-de-caiena

Espetinho de cordeiro picante com molho de mostarda

Rende: 2 porções

Tempo de preparo: 20 minutos, mais 40 minutos para esfriar e refrigerar

Tempo de cozimento: 25 minutos

Esses espetinhos são ótimos para compartilhar, e é divertido quando todo mundo também participa do preparo.

1. Aqueça uma frigideira antiaderente em fogo baixo; junte a cebola, o alho, o cominho, a pimenta vermelha, o coentro, a pimenta-de-caiena e tempere com pimenta-do-reino a gosto. Tampe e refogue em fogo baixo por cerca de 5 minutos, mexendo de vez em quando, até a cebola amolecer. Se necessário, acrescente um pouco de água para evitar que os ingredientes grudem. Tire do fogo e deixe esfriar.

2. Transfira os vegetais para uma tigela grande e adicione o cordeiro e a clara. Com as mãos umedecidas, misture bem, cubra com filme de PVC e leve à geladeira por 30 minutos.

3. Preaqueça a grelha ou chapa canelada em temperatura média. Divida a mistura de cordeiro, o pimentão e a abobrinha em quatro porções e borrife quatro espetinhos de metal com o óleo culinário. Pegue um punhado da mistura de cordeiro, modele em forma de almôndega e enfie em um dos espetinhos; então, espete um pedaço de pimentão e um de abobrinha. Repita até usar um quarto dos ingredientes. Faça o mesmo para montar os demais espetinhos. Grelhe por cerca de 20 minutos, girando-os frequentemente, até ficarem bem passados.

4. Para preparar o molho, misture bem todos os ingredientes com um pouco de pimenta-do-reino. Sirva os espetinhos sobre a rúcula, com uma colherada do molho.

CADA PORÇÃO CONTÉM

- Calorias: 414 kcal
- Gorduras: 29 g
- Carboidratos: 17 g

2 colheres (sopa) de óleo de gergelim
3 cebolinhas picadas
½ pimentão vermelho sem sementes cortado em fatias
1 cenoura cortada em tiras (use um descascador de legumes)
um punhado de floretes de brócolis ninja
um punhado de folhas de acelga-chinesa
200 g de filé limpo cortado em tiras
2 dentes de alho amassados
1 colher (chá) de gengibre ralado
5 folhas de manjericão bem picadas
1 colher (chá) de pimenta-calabresa em pó
1 colher (sopa) de molho de soja
60 ml de caldo de legumes
1 colher (chá) de estévia em pó
suco de ½ limão-taiti
pimenta-do-reino moída na hora
1½ colher (sopa) de iogurte natural, para servir

Carne salteada à moda oriental

Rende: 2 porções

Tempo de preparo: 20 minutos

Tempo de cozimento: 10 minutos

Esse prato é muito simples de preparar e, se preferir, também fica bom com frango, peru, cordeiro ou porco no lugar da carne bovina. Se quiser deixá-lo ainda mais substancioso, acrescente macarrão shirataki.

1. Aqueça o óleo em um wok ou uma frigideira grande antiaderente em fogo alto; junte a cebolinha, o pimentão, a cenoura, o brócolis e a acelga-chinesa. Salteie em fogo alto por cerca de 3 minutos, até aquecer e misturar bem.
2. Acrescente a carne, o alho, o gengibre, o manjericão, a pimenta-calabresa, o molho de soja, o caldo de legumes, a estévia e o suco de limão. Continue a saltear em fogo alto por cerca de 5 minutos, até a carne e os vegetais estarem bem cozidos.
3. Tempere com pimenta-do-reino a gosto e sirva com uma colherada de iogurte por cima.

CADA PORÇÃO CONTÉM
- Calorias: 399 kcal
- Gorduras: 21 g
- Carboidratos: 22 g

200 g de filé limpo cortado em tiras
1 colher (sopa) de molho de soja
1 colher (chá) de gengibre ralado
1 dente de alho amassado
1 colher (chá) de pimenta-calabresa em pó
1 colher (chá) de pimenta vermelha em pó

1 colher (chá) de estévia em pó
suco de ½ limão-taiti
2 colheres (sopa) de sementes de gergelim
um punhado de folhas de coentro picadas
1½ colher (sopa) de iogurte natural

PARA A SALADA ASIÁTICA
1 cenoura bem picada
3 cebolinhas bem picadas
½ pepino bem picado
6 tomates-cereja bem picados
dois punhados de folhas de alface-romana rasgadas em pedaços

Carne com gergelim e salada asiática

Rende: 2 porções

Tempo de preparo:
15 minutos, mais
1 hora para marinar

Tempo de cozimento:
10 minutos

Por que não experimentar algo novo para o almoço? Dê um toque surpreendente à salada tradicional com essa combinação de sabores em estilo asiático. É muito saborosa, com um incrível toque picante!

1. Coloque a carne em uma tigela não metálica e junte o molho de soja, o gengibre, o alho, a pimenta-calabresa, a pimenta vermelha, a estévia e o suco de limão. Misture bem, cubra com filme de PVC e deixe marinar na geladeira por 1 hora.
2. Aqueça uma frigideira antiaderente em fogo médio, coloque a carne com a marinada, tampe e cozinhe por 3-6 minutos, mexendo de vez em quando, até a carne começar a dourar. Adicione a semente de gergelim e o coentro e cozinhe por mais 1 minuto, mexendo, para embeber a carne nos sucos.
3. Em outra tigela, misture a cenoura, a cebolinha, o pepino, o tomate e a alface. Acomode a carne sobre a salada e sirva com uma colherada de iogurte.

CADA PORÇÃO CONTÉM
- Calorias: **352 kcal**
- Gorduras: **17 g**
- Carboidratos: **19 g**

Carnes

83

2 filés de cavalinha (aprox. 100 g cada um)

1 tomate grande cortado em rodelas

½ pimentão vermelho sem sementes picado

½ cebola roxa picada

1 abobrinha picada

1 colher (sopa) de suco de limão-siciliano

um punhado de folhas de salsa picadas

1 folha de louro rasgada em quartos

dois punhados de folhas de rúcula

pimenta-do-reino moída na hora

PARA O PESTO DE ALHO

um punhado de folhas de manjericão

1 colher (sopa) de suco de limão-siciliano

2 colheres (sopa) de azeite

1 dente de alho amassado

Cavalinha assada com pesto de alho e vegetais

Rende: 2 porções

Tempo de preparo: 20 minutos

Tempo de cozimento: 25 minutos

Esse é um prato fresco e saudável, mas provavelmente não recomendado para um primeiro encontro! O pesto forte de alho complementa com perfeição o sabor do peixe.

1. Preaqueça o forno em temperatura média (180°C). Coloque os filés de cavalinha em uma assadeira e cubra-os com rodelas de tomate. Espalhe por cima o pimentão, a cebola e a abobrinha, então regue com o suco de limão. Salpique de salsa, tempere com pimenta-do-reino a gosto e acrescente os pedaços de louro. Asse por 25 minutos.

2. Enquanto isso, para fazer o pesto de alho, coloque as folhas de manjericão, o suco de limão, o azeite, o alho e 1 colher (sopa) de água no liquidificador ou processador e bata até obter uma pasta homogênea.

3. Acomode o peixe e os vegetais sobre as folhas de rúcula e sirva com o pesto espalhado por cima.

CADA PORÇÃO CONTÉM

- Calorias: 369 kcal
- Gorduras: 22 g
- Carboidratos: 17 g

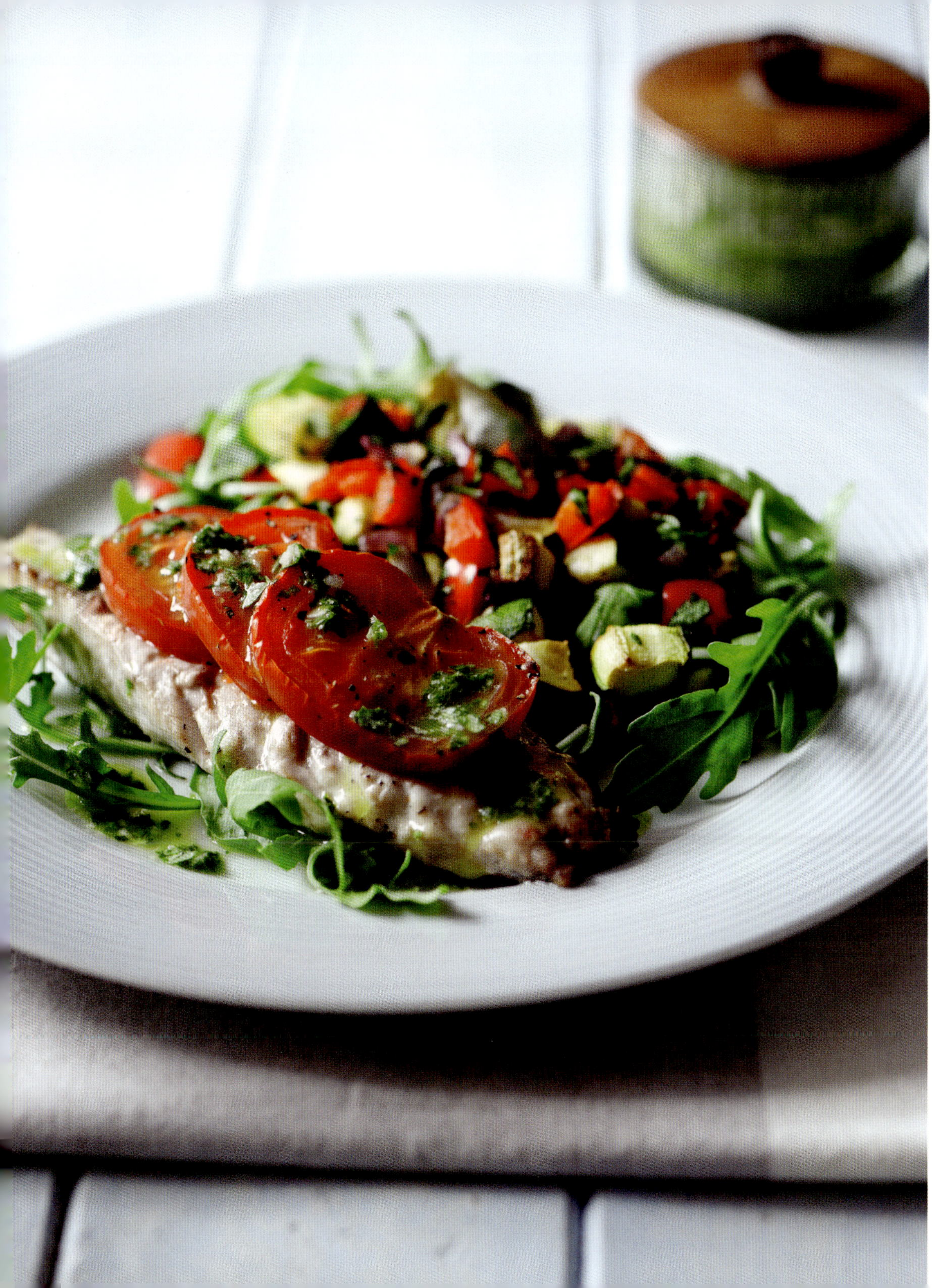

200 g de salmão defumado

2 colheres (sopa) cheias de cream cheese

um punhado de cebolinha-francesa bem picada

1 dente de alho amassado

suco de ½ limão-siciliano

dois punhados de agrião

pimenta-do-reino moída na hora

PARA A SALADA DE PEPINO E ENDRO

½ pepino cortado em rodelas finas

¼ de cebola roxa cortada em fatias finas

um punhado de folhas de endro bem picadas

1 colher (sopa) de alcaparra

Trouxinha de salmão defumado com salada de pepino e endro

Rende: 2 porções

Tempo de preparo: 20 minutos, mais 1 hora para refrigerar

Mais uma receita de verão com estilo, ideal para um almoço leve. Experimente preparar esse prato quando receber amigos para almoçar – eles certamente ficarão impressionados.

1. Forre dois ramequins com o salmão, de modo a cobrir a base e as laterais, deixando sobrar nas bordas. Pique bem o restante do salmão. Coloque o cream cheese, a cebolinha-francesa, o alho e o suco de limão em uma tigela não metálica e tempere com pimenta-do-reino. Acrescente o salmão picado e misture bem.

2. Distribua a mistura uniformemente no centro dos ramequins e nivele a superfície, então dobre as bordas de salmão sobre o recheio, formando uma trouxinha. Cubra com filme de PVC e leve à geladeira por 1 hora.

3. Para preparar a salada, misture o pepino e a cebola e salpique-a de endro e alcaparra. Tire as trouxinhas de salmão dos ramequins, acomode sobre a salada de pepino e finalize com um punhado de agrião.

CADA PORÇÃO CONTÉM

- Calorias: **269 kcal**
- Gorduras: **16 g**
- Carboidratos: **12 g**

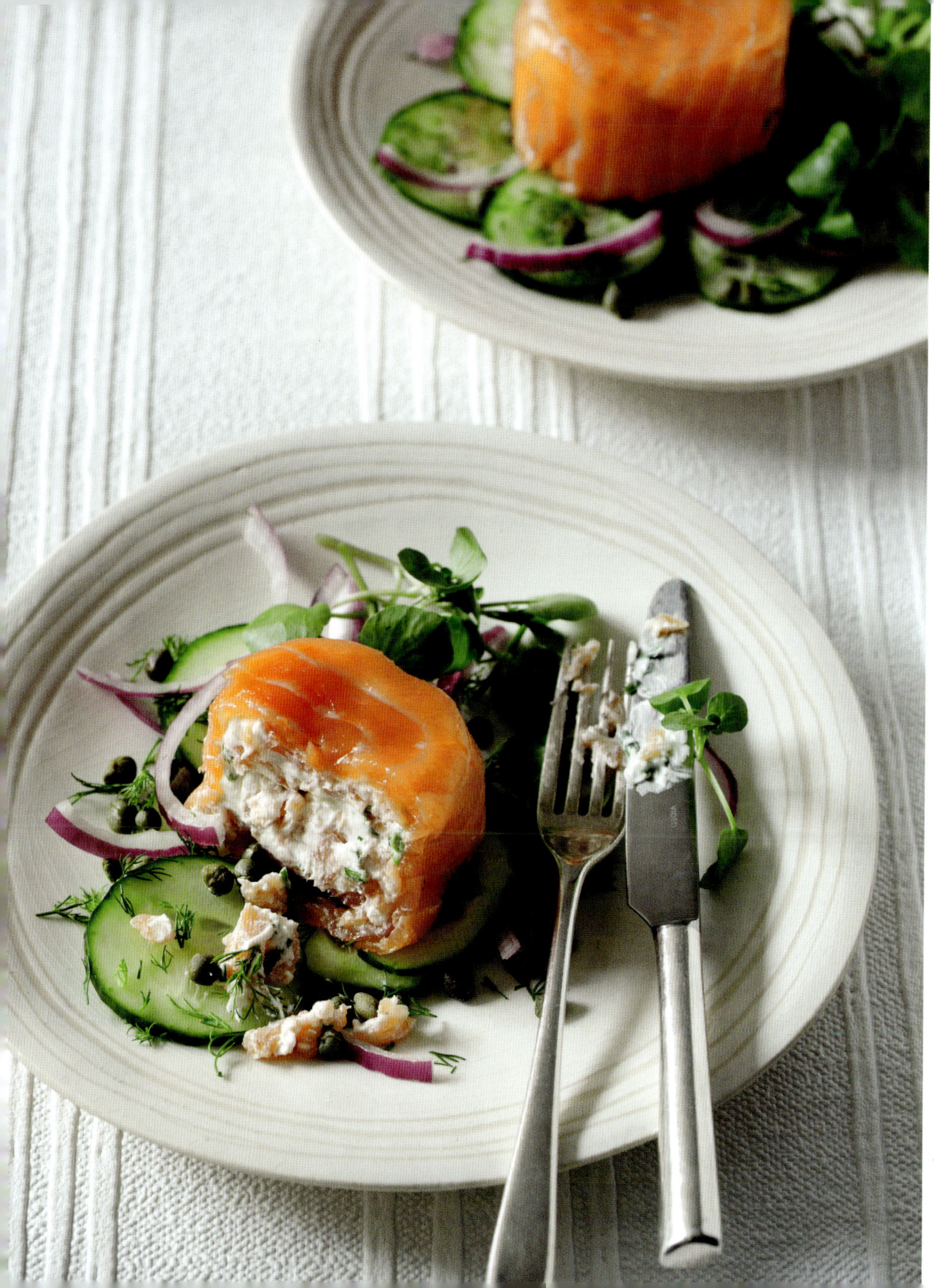

PARA A SALADA DE BETERRABA E AVOCADO

1 beterraba crua
½ avocado
dois punhados de folhas de rúcula

PARA A SARDINHA AO LIMÃO E PIMENTA

1 colher (sopa) de suco de limão-siciliano
1 dente de alho amassado
1 colher (chá) de pimenta-calabresa em pó
um punhado pequeno de folhas de coentro bem picadas
320 g de filé de sardinha fresca
8 tomates-cereja cortados ao meio
1 colher (sopa) de vinagre balsâmico
pimenta-do-reino moída na hora

Sardinha ao limão e pimenta com salada de beterraba e avocado

Rende: 2 porções

Tempo de preparo:
15 minutos, mais
1 hora para refrigerar

Tempo de cozimento:
1h15

A sardinha não é consumida com a frequência que deveria. É uma das principais fontes de ômega-3 e, por isso, excelente para baixar o nível de colesterol ruim do sangue. Para ganhar tempo, utilize beterraba cozida; nesse caso, simplesmente descasque e corte em cubos no passo 1.

1. Para cozinhar a beterraba, lave e corte o talo. Mergulhe em uma panela com água fervente, abaixe o fogo, tampe e deixe cozinhar por cerca de 1 hora, até ficar tenra. Escorra e deixe esfriar, então descasque e corte em cubos.

2. Enquanto isso, para fazer a marinada, misture o suco de limão, o alho, a pimenta-calabresa e o coentro em uma tigela não metálica. Junte a sardinha, cubra com filme de PVC e leve à geladeira por 1 hora.

3. Preaqueça o forno na função grill em temperatura baixa. Coloque os tomates em uma assadeira pequena e espalhe um pouco de vinagre balsâmico por cima. Grelhe por cerca de 5 minutos. Aumente para temperatura alta e grelhe as sardinhas por alguns minutos de cada lado, até ficarem bem passadas, virando com cuidado.

4. Corte o avocado em cubos e misture imediatamente com a beterraba; tempere com um pouco de pimenta-do-reino. Espalhe sobre uma cama de rúcula, acomode as sardinhas e os tomates. Finalize com pimenta-do-reino a gosto.

CADA PORÇÃO CONTÉM

- Calorias: 292 kcal
- Gorduras: 8 g
- Carboidratos: 14 g

400 g de tofu firme cortado em cubos
2 claras
1 dente de alho amassado
3 cebolinhas picadas
1 cenoura cortada em tiras (use um descascador de legumes)
um punhado de brotos de feijão
1 abobrinha cortada em tiras (use um descascador de legumes)

1 colher (sopa) de molho vegetariano ou molho de peixe tailandês (nam pla)*
1 colher (sopa) de molho de soja
1 colher (chá) de estévia em pó
1 colher (chá) de pimenta-calabresa em pó
200 g de macarrão shirataki escorrido e lavado

1 limão-taiti
um punhado de folhas de coentro bem picadas
40 g de amendoim cru sem sal picado

Pad thai de amendoim e tofu

Rende: 2 porções

Tempo de preparo: 20 minutos

Tempo de cozimento: 10 minutos

Rica em proteínas, essa clássica e popular receita tailandesa tem o benefício adicional de ser supersaudável. Obviamente, os vegetarianos não usariam molho de peixe tailandês, mas há versões vegetarianas desse molho feitas com a alga marinha wakame. Para um prato livre de glúten, substitua o molho de soja tradicional pela versão sem glúten.

1. Coloque o tofu em um wok ou uma panela grande antiaderente, leve ao fogo médio e refogue por alguns minutos, até dourar, mexendo delicadamente. Retire da panela.

2. Cozinhe as claras na panela por 1 minuto, mexendo sempre. Junte o alho, a cebolinha, a cenoura, o broto de feijão e a abobrinha e refogue por mais 1 minuto. Volte o tofu ao wok e acrescente o molho de peixe (ou vegetariano), o molho de soja, a estévia, a pimenta-calabresa e o macarrão shirataki. Cozinhe em fogo médio por cerca de 5 minutos, mexendo de vez em quando, até ficarem bem cozidos.

3. Corte o limão ao meio e uma das metades em gomos. Tire a panela do fogo e junte o coentro e o suco de meio limão. Espalhe o amendoim por cima e sirva com os gomos restantes.

* Nam pla vegetariano: demolhe 2 colheres (chá) de alga wakame em 1 xícara (chá) de água morna por 20 minutos. Misture com ⅔ de xícara (chá) de molho de soja e 1 tomate seco em uma panela. Leve ao fogo e deixe ferver. Cozinhe em fogo médio por alguns minutos, deixe esfriar e coe.

CADA PORÇÃO CONTÉM
- Calorias: 334 kcal
- Gorduras: 14 g
- Carboidratos: 24 g

Peixes / Vegetarianos

4 pimentões vermelhos sem sementes cortados ao meio no sentido do comprimento
400 g de tofu firme bem picado
1 dente de alho bem picado
¼ de cebola roxa bem picada
4 cogumelos picados
1 colher (chá) de folhas de orégano picadas
1 colher (sopa) de passata de tomate
1 colher (chá) de estévia em pó
½ colher (chá) de páprica defumada
80 g de muçarela ralada
pimenta-do-reino moída na hora
dois punhados generosos de folhas verdes, para servir

Pimentão vermelho recheado com tofu

Rende: 2 porções

Tempo de preparo: 15 minutos, mais 4 minutos para demolhar

Tempo de cozimento: 35 minutos

Mais uma excelente escolha vegetariana para um almoço substancioso. A doçura do pimentão combina muito bem com a cremosidade do queijo derretido.

1. Preaqueça o forno em temperatura média (180°C). Coloque os pimentões em uma tigela, cubra com água fervente e deixe descansar por cerca de 4 minutos, até amolecerem um pouco. Escorra e seque com papel-toalha.

2. Aqueça uma frigideira antiaderente em fogo baixo; acrescente o tofu, o alho, a cebola, o cogumelo, o orégano, a passata, a estévia e a páprica; tempere com pimenta-do-reino a gosto. Mexa até aquecer bem, então deixe cozinhar em fogo baixo por cerca de 10 minutos, até a cebola e o alho amolecerem; se os ingredientes começarem a grudar, acrescente um pouco de água. Tire do fogo e deixe esfriar por alguns minutos, depois junte a muçarela e misture bem.

3. Coloque os pimentões em uma assadeira e recheie com a mistura. Asse por cerca de 20 minutos, até os pimentões ficarem tenros e a muçarela derreter. Sirva quente com a salada de folhas verdes.

CADA PORÇÃO CONTÉM
- Calorias: **378 kcal**
- Gorduras: **17 g**
- Carboidratos: **24 g**

Vegetarianos

60 g de halloumi seco com papel-toalha e cortado em 6 pedaços

1 dente de alho pequeno amassado

duas pitadas generosas de orégano seco

1 colher (sopa) de raspas finas de limão-siciliano

½ colher (chá) de pimenta-calabresa em pó

óleo culinário spray de baixa caloria

1 pimentão vermelho sem sementes cortado em fatias

2 colheres (sopa) de vinagre balsâmico

2 colheres (chá) de maple syrup

6 folhas de alface-americana

2 colheres (sopa) de tahine

4 colheres (sopa) de suco de limão-siciliano

Wrap de halloumi marinado e pimentão vermelho caramelizado

Rende: 2 porções

Tempo de preparo: 10 minutos, mais pelo menos 2 horas para marinar

Tempo de cozimento: 5 minutos

Esses wraps crocantes têm um sabor fresco, doce e picante, e são perfeitos para levar para o trabalho. É melhor manter a alface à parte e montar o prato somente na hora de comer.

1. Coloque o halloumi, o alho, o orégano, as raspas de limão e a pimenta-calabresa em uma tigela não metálica. Borrife com um pouco de óleo culinário spray de baixa caloria, embebendo bem o halloumi. Cubra com filme de PVC e deixe marinar na geladeira por 2-3 horas ou da noite para o dia.

2. Aqueça uma frigideira antiaderente em fogo médio-alto. Coloque o halloumi e frite por cerca de 5 minutos, virando sempre, até dourar.

3. Enquanto isso, aqueça outra frigideira antiaderente em fogo médio-alto. Junte o pimentão vermelho, o vinagre balsâmico e o maple syrup e cozinhe por 4-5 minutos, mexendo de vez em quando, até o pimentão amolecer.

4. Acomode as folhas de alface sobre uma tábua de corte e coloque uma colherada de halloumi e de pimentão no centro de cada folha. Em uma tigela pequena, bata o tahine com o suco de limão e 2 colheres (sopa) de água fervente. Verta o molho sobre os recheios, enrole as folhas de alface e sirva em seguida.

CADA PORÇÃO CONTÉM
• Calorias: 205 kcal
• Gorduras: 8 g
• Carboidratos: 24 g

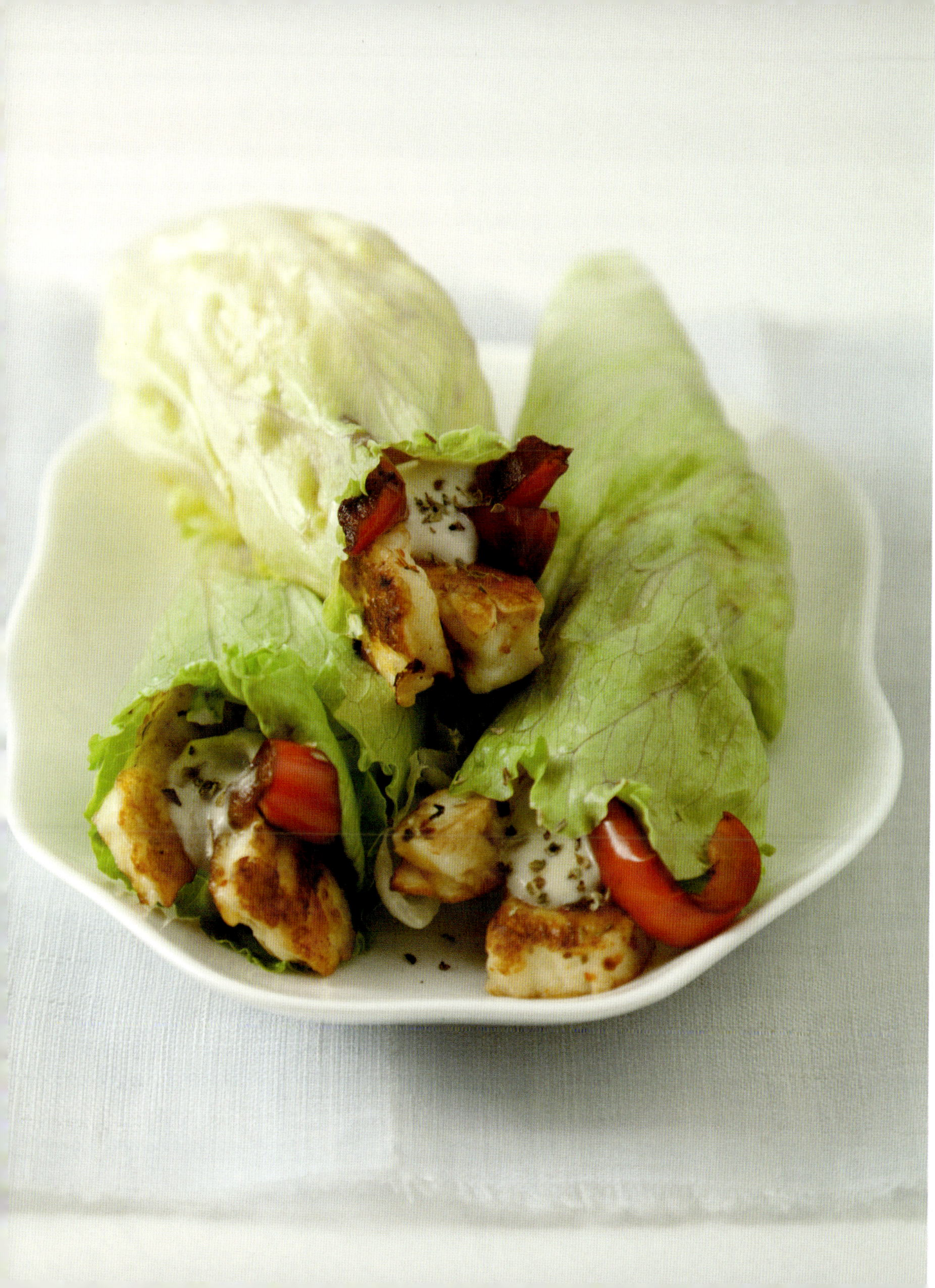

1½ colher (sopa) de manteiga
65 g de farinha de amêndoa
1 dente de alho amassado
½ cebola roxa cortada em fatias finas
1 colher (sopa) de vinagre balsâmico

1 colher (chá) de maple syrup
6 pontas de aspargos
1 ovo
1½ colher (sopa) de iogurte natural
2 colheres (chá) de mostarda de Dijon

pimenta-do-reino moída na hora
dois punhados de folhas verdes e 6 tomates-cereja cortados em gomos, para servir

Tortinha de cebola roxa com aspargo assado

Rende: 2 porções

Tempo de preparo:
10 minutos, mais 15 minutos para esfriar

Tempo de cozimento:
25 minutos

Minha mãe ama esse prato; por isso, quando vou visitá-la, sempre preparo uma porção para ela congelar. Doce, amanteigado e sem glúten, é simplesmente delicioso.

1. Preaqueça o forno em temperatura média (180ºC). Derreta a manteiga em uma panela pequena antiaderente em fogo baixo, junte a farinha de amêndoa e misture bem. Forre duas cavidades de uma fôrma para muffins com essa mistura, pressionando com a ponta dos dedos contra o fundo e parte das laterais, de modo a criar uma base para as tortinhas. Asse por 5 minutos e retire do forno.
2. Coloque o alho, a cebola, o vinagre balsâmico e o maple syrup em uma panela antiaderente e cozinhe em fogo baixo por alguns minutos, até amolecerem. Transfira a mistura para uma tigela e deixe esfriar.
3. Enquanto esfria, corte um quadrado de papel-alumínio de 40 cm e acomode os aspargos sobre ele. Levante as pontas do papel-alumínio para fazer um pacote frouxo. Feche bem. Transfira para a fôrma de muffins, ao lado das tortinhas.
4. Junte o ovo, o iogurte e a mostarda à mistura de cebola e tempere com pimenta-do-reino a gosto. Verta sobre as bases das tortinhas e leve de volta ao forno, com os aspargos, por 20 minutos, até que o centro das tortinhas comece a firmar e a superfície, a dourar. Deixe esfriar um pouco na assadeira.
5. Acomode os aspargos sobre as tortinhas e sirva com a salada de folhas verdes e tomate-cereja, temperando com um pouco mais de pimenta-do-reino.

CADA PORÇÃO CONTÉM
- Calorias: 372 kcal
- Gorduras: 29 g
- Carboidratos: 20 g

Vegetarianos

CAPÍTULO 4
JANTAR

Poucas pessoas têm tempo à noite para preparar uma boa refeição caseira. Por isso, as receitas a seguir incluem alguns pratos simples e rápidos e outros que são mais ousados. Todos podem ser compartilhados com a família inteira, bastando acrescentar um pouco de carboidrato para as crianças e quem mais não estiver de dieta – todas as receitas combinam com arroz, massa ou batata, embora esses acompanhamentos não sejam para você, é claro. Mas sempre é possível acrescentar o quanto quiser dos alimentos da lista dos liberados (p. 36) para tornar a refeição mais substanciosa e não sentir fome durante a noite.

Há uma boa seleção de receitas com carne, peixe ou vegetarianas; trate de combiná-las e tente não comer mais do que um prato com carne vermelha por semana. As opções mais saudáveis e recomendadas para quem quer perder peso sempre serão os pratos com peixe.

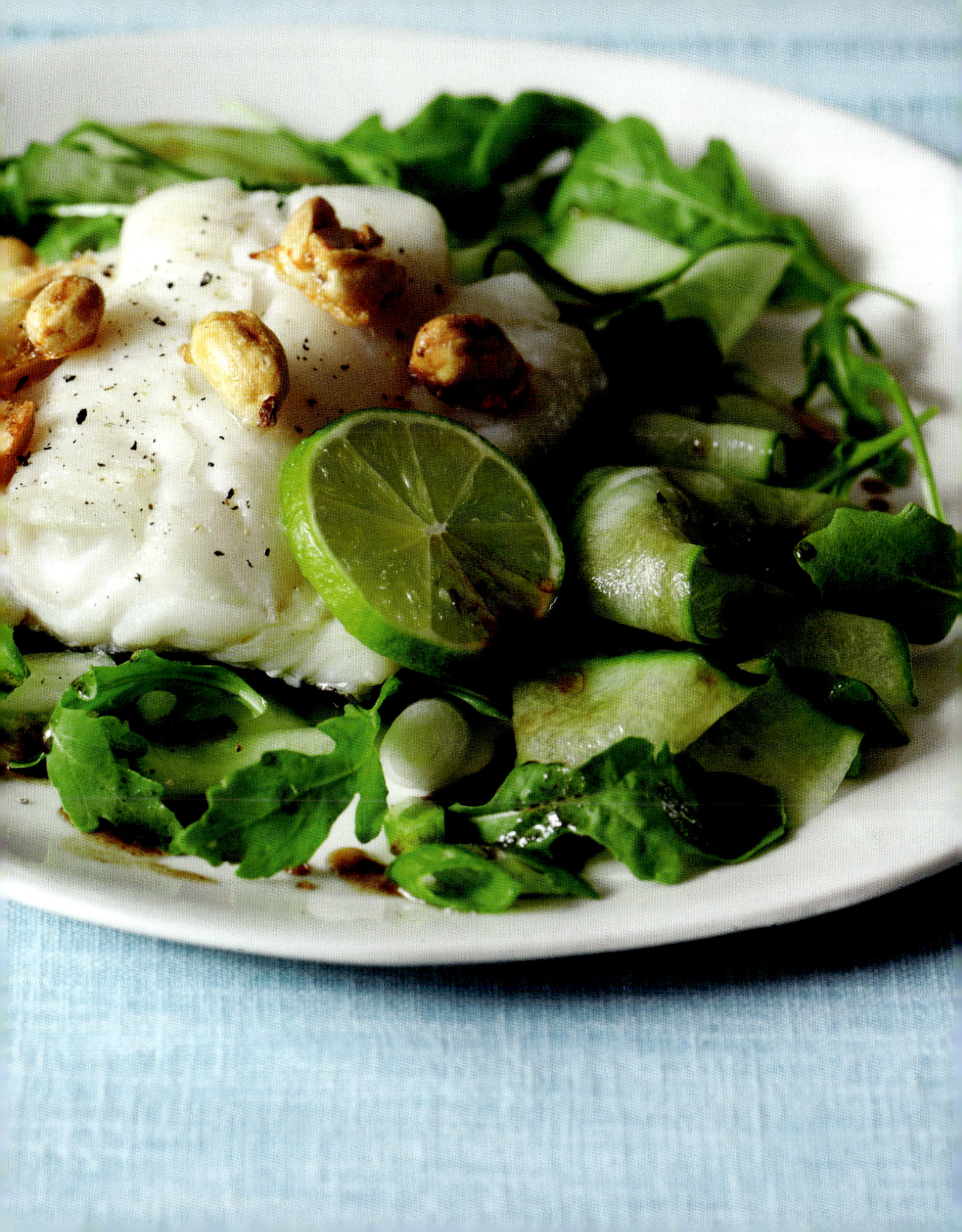

300 ml de caldo de galinha quente

¼ de colher (chá) de pistilo de açafrão amassado

½ cebola bem picada

2 dentes de alho amassados

1 colher (chá) de gengibre em pó

1 colher (chá) de cominho em pó

1 colher (chá) de canela em pó

1 colher (sopa) de purê de tomate

2 peitos de frango sem pele (aprox. 180 g cada)

30 g de amêndoa picada grosseiramente

15 azeitonas sem caroço picadas

½ colher (sopa) de suco de limão-siciliano

um punhado generoso de folhas de coentro picadas

pimenta-do-reino moída na hora

folhas verdes mistas, para servir

Tagine de frango com amêndoa

Rende: 2 porções

Tempo de preparo: 20 minutos

Tempo de cozimento: 30 minutos

Com uma mistura de especiarias picantes que ativam a circulação, esse prato saboroso e aromático é uma ótima refeição para o inverno. Vai bem com carne bovina ou peixe branco no lugar do frango. Eu geralmente uso azeitona verde.

1. Coloque o caldo quente em uma tigela, acrescente o açafrão e deixe em infusão.
2. Enquanto isso, junte a cebola e 1 colher (sopa) de água em uma panela grande de fundo grosso e refogue em fogo médio por alguns minutos, até amolecer. Adicione o alho, o gengibre, o cominho e a canela, tempere com pimenta-do-reino a gosto e refogue por mais 2 minutos. Acrescente o caldo, o purê de tomate, o frango, a amêndoa, a azeitona e o suco de limão. Quando levantar fervura, abaixe o fogo, tampe e deixe cozinhar por cerca de 20 minutos, mexendo de vez em quando, até o frango ficar bem cozido e macio.
3. Retire do fogo e mexa bem. Espalhe o coentro picado por cima e sirva com uma salada de folhas verdes.

CADA PORÇÃO CONTÉM
••••••••••••••••••
- Calorias: 361 kcal
- Gorduras: 14 g
- Carboidratos: 12 g

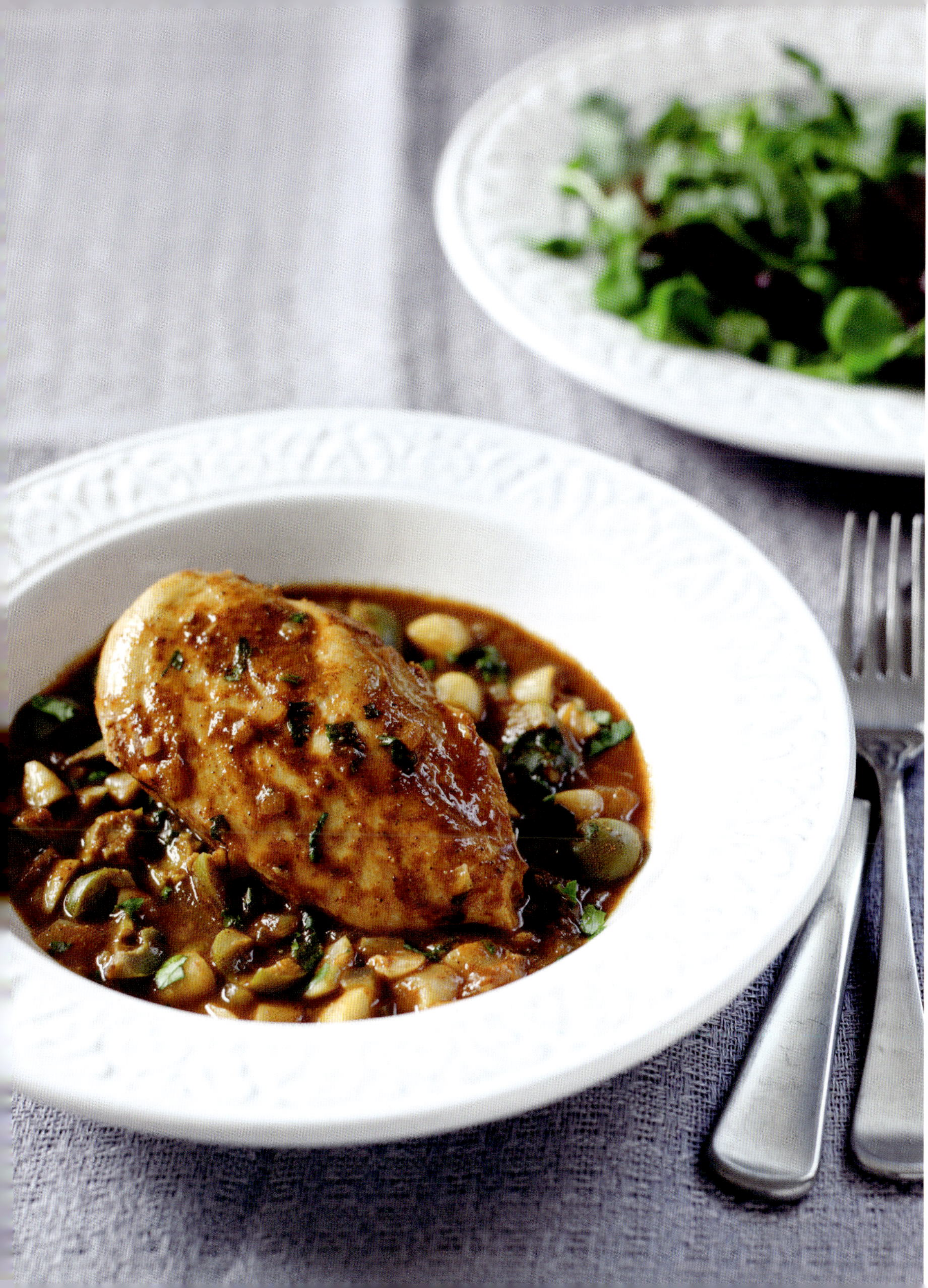

dois punhados de folhas de espinafre baby
2 filés de peito de frango sem pele (aprox. 180 g cada)
60 g de queijo de cabra cremoso
1 colher (chá) de folhas de estragão bem picadas
4 fatias de presunto cru
6-8 floretes grandes de couve-flor
200 g de pontas de aspargo ou outros vegetais
pimenta-do-reino moída na hora

Frango envolto em presunto cru com purê de couve-flor

Rende: 2 porções

Tempo de preparo: 15 minutos

Tempo de cozimento: 20 minutos

Com uma apresentação linda, esse prato é quase bonito demais para se comer! O purê de couve-flor é um excelente substituto para o de batata, que tem muito carboidrato – além do mais, é repleto de vitaminas do complexo B, que auxiliam a liberação de energia.

1. Preaqueça o forno em temperatura alta (200°C). Coloque o espinafre em uma panela com 1 colher (sopa) de água e cozinhe em fogo baixo por cerca de 1 minuto, até começar a murchar. Escorra bem em uma peneira ou coador, pressionando com a parte de trás de uma colher de pau para eliminar o máximo de água possível.

2. Sobre uma tábua de corte, abra os peitos de frango em borboleta. Para fazer o recheio, misture o queijo de cabra, o estragão e o espinafre em uma tigela. Divida o recheio entre os peitos de frango. Tempere com pimenta-do-reino a gosto e enrole o filé, envolvendo o recheio. Amarre firmemente duas fatias de presunto cru em torno de cada peito de frango para segurar o recheio no lugar. Transfira o frango para uma assadeira antiaderente e leve ao forno por 15-20 minutos. Para verificar se está assado, faça um furo com um espeto ou com a ponta de uma faca afiada; deve sair um suco claro.

3. Enquanto isso, cozinhe os floretes de couve-flor no vapor por cerca de 20 minutos, até ficarem bem macios. Acrescente os aspargos depois de 10 minutos, para que terminem de cozinhar ao mesmo tempo.

4. Transfira a couve-flor cozida para um processador, tempere com pimenta-do-reino e processe até obter um purê homogêneo. Divida o purê, o frango e os aspargos em duas porções e sirva quente.

CADA PORÇÃO CONTÉM
- Calorias: 397 kcal
- Gorduras: 14 g
- Carboidratos: 8 g

Aves

101

½ cebola bem picada

150 ml de caldo de galinha

1 dente de alho amassado

1 colher (chá) de gengibre ralado

1 colher (chá) de cominho em pó

1 colher (chá) de coentro em pó

½ colher (chá) de canela em pó

1 colher (chá) de pimenta vermelha em pó

1 colher (chá) de pimenta-calabresa em pó

360 g de peito de frango sem pele cortado em cubos

15 castanhas-de-caju picadas

1 folha de louro

8 tomates-cereja

2 colheres (sopa) de creme de leite fresco

1 colher (chá) de estévia em pó

200 g de vagem e brócolis

um punhado de folhas de coentro picadas

pimenta-do-reino moída na hora

PARA O ARROZ DE COUVE-FLOR

200 g de floretes de couve-flor

óleo culinário spray de baixa caloria

Korma de frango e castanha-de-caju

Rende: 2 porções

Tempo de preparo: 15 minutos

Tempo de cozimento: 30 minutos

Esqueça o restaurante indiano e experimente essa versão saudável. Embora não seja servida com o arroz de costume, é cremosa, densa e saborosa.

1. Coloque a cebola e 1 colher (sopa) do caldo em uma panela antiaderente de fundo grosso e cozinhe em fogo médio por 2 minutos. Junte o alho, o gengibre e as especiarias, tempere com pimenta-do-reino a gosto e cozinhe por 1-2 minutos. Acrescente o frango, a castanha-de-caju e a folha de louro e mantenha no fogo por mais alguns minutos, até o frango começar a dourar. Junte o caldo restante e, quando levantar fervura, abaixe o fogo e deixe cozinhar por cerca de 15 minutos.

2. Acrescente o tomate, o creme de leite e a estévia, deixe ferver novamente, tampe e cozinhe por mais 5-10 minutos, mexendo de vez em quando, até o frango ficar bem cozido.

3. Enquanto isso, cozinhe a vagem e os brócolis no vapor por cerca de 6 minutos, até estarem tenros.

4. Triture os floretes de couve-flor no liquidificador ou no processador. Aqueça uma frigideira antiaderente em fogo baixo, borrife com um pouco de óleo culinário de baixa caloria, junte a couve-flor e salteie por alguns minutos, até ficar *al dente*.

5. Tire o korma do fogo, junte o coentro picado e mexa bem. Sirva com a vagem, os brócolis e o arroz de couve-flor.

CADA PORÇÃO CONTÉM

- Calorias: 404 kcal
- Gorduras: 17 g
- Carboidratos: 18 g

Aves

360 g de peito de frango sem pele cortado em tiras
½ cebola bem picada
35 g de amêndoa picada grosseiramente
175 g de cogumelo-de-paris cortado em fatias
1 colher (chá) de folhas de endro picadas
um punhado generoso de folhas de espinafre
3 colheres (sopa) de creme de leite fresco
1 colher (sopa) de mostarda extraforte
1 colher (chá) de vinagre de vinho branco
½ colher (chá) de pimenta-branca
200 g de vagem

Frango e cogumelo ao molho de amêndoa e mostarda

Rende: 2 porções

Tempo de preparo: 15 minutos

Tempo de cozimento: 10 minutos

Cremoso e de sabor intenso, esse molho realça o frango e proporciona uma refeição nutritiva e deliciosa.

1. Coloque o frango e a cebola em uma panela antiaderente, tampe e refogue em fogo baixo por cerca de 3 minutos, chacoalhando a panela de vez em quando, até o frango começar a dourar.
2. Junte a amêndoa, o cogumelo e o endro ao frango e refogue por mais 2 minutos. Acrescente o espinafre, o creme de leite, a mostarda, o vinagre e a pimenta-branca, mexa bem, então tampe e mantenha em fogo baixo por 5 minutos, até o frango ficar macio e bem cozido.
3. Enquanto isso, cozinhe a vagem no vapor por 5 minutos, até estar al dente. Sirva com o frango.

CADA PORÇÃO CONTÉM
- Calorias: 450 kcal
- Gorduras: 24 g
- Carboidratos: 16 g

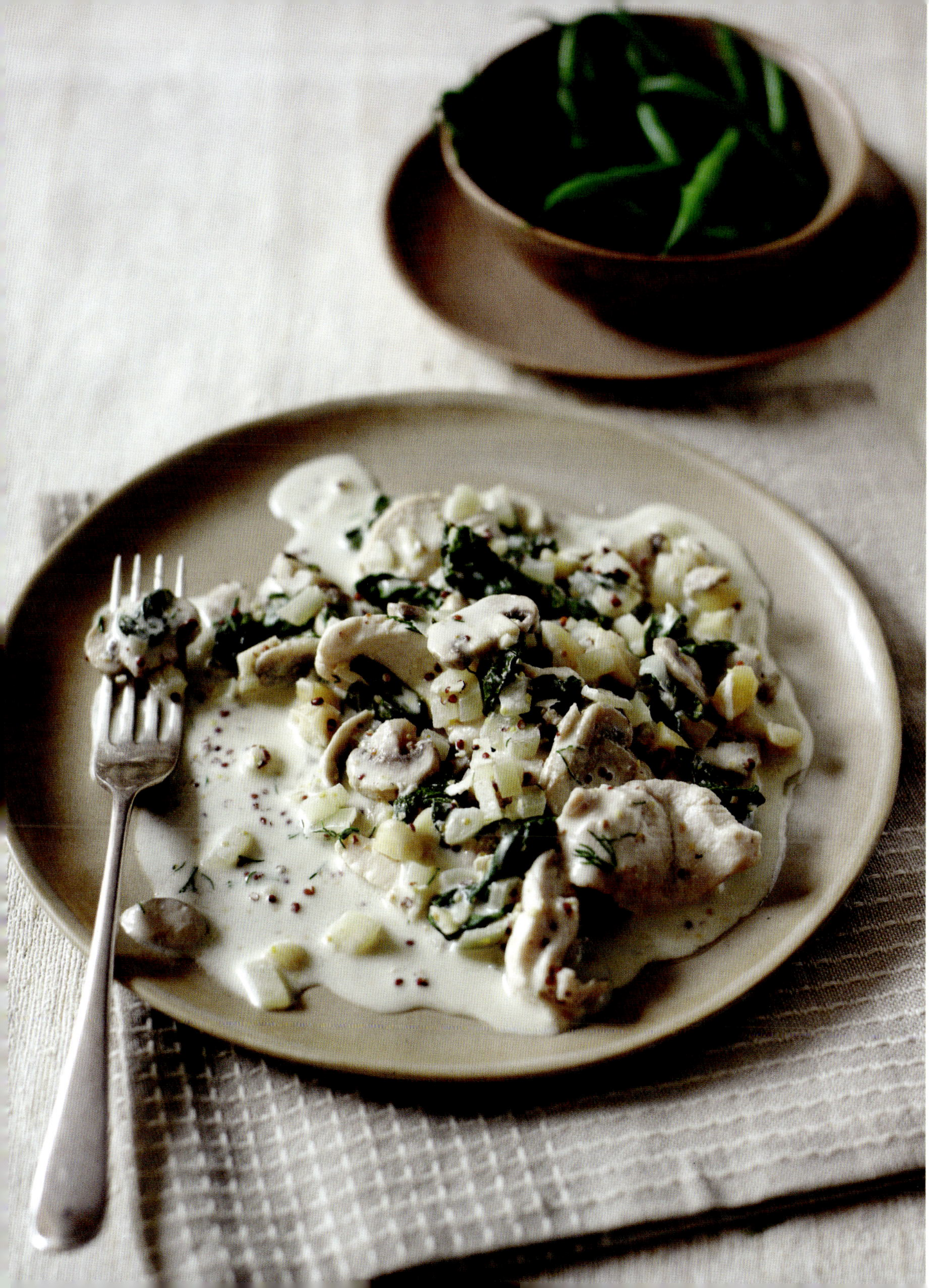

½ pimentão vermelho sem sementes cortado em fatias finas
8 tomates-cereja cortados ao meio
1 colher (sopa) de vinagre balsâmico
60 ml de caldo de galinha
1 colher (chá) de pimenta vermelha em pó
1 colher (chá) de pimenta-calabresa em pó
um punhado pequeno de folhas de coentro bem picadas
360 g de peito de frango sem pele cortado em tiras
2 colheres (sopa) de maionese
1 dente de alho amassado
1 colher (chá) de suco de limão-siciliano
½ colher (chá) de estévia em pó
2 filés de aliche escorridos e bem picados
2 colheres (sopa) de parmesão ralado na hora
pimenta-do-reino moída na hora
alface-romana rasgada em pedaços

Salada caesar com frango picante

Rende: 2 porções

Tempo de preparo: 20 minutos, mais 20 minutos para marinar

Tempo de cozimento: 30 minutos

Essa é minha versão da tradicional salada caesar, com um toque picante para fazer o metabolismo funcionar a todo vapor.

1. Preaqueça o forno em temperatura baixa (160°C). Coloque o pimentão vermelho e o tomate em uma travessa refratária e regue com o vinagre balsâmico. Asse por 30 minutos.
2. Enquanto isso, coloque o caldo em uma tigela com as pimentas e o coentro. Acrescente as tiras de frango e mexa bem. Cubra com filme de PVC e deixe marinar em temperatura ambiente por cerca de 20 minutos.
3. Misture a maionese, o alho, o suco de limão, a estévia, o aliche e o parmesão e tempere com pimenta-do-reino a gosto. Se achar que o molho ficou grosso demais, adicione um pouco de água quente para diluí-lo.
4. Coloque o frango e a marinada em uma panela antiaderente e cozinhe em fogo médio por cerca de 10 minutos, mexendo de vez em quando, até o frango estar bem cozido e a maior parte do líquido evaporar. Acomode o frango, os tomates e os pimentões sobre a alface, regue com o molho e sirva.

CADA PORÇÃO CONTÉM
- Calorias: 365 kcal
- Gorduras: 18 g
- Carboidratos: 12 g

2 dentes de alho amassados
3 echalotas bem picadas
300 g de carne de peru moída
1 colher (sopa) de vinagre balsâmico
1 colher (chá) de pimenta vermelha em pó
1 colher (chá) de pimenta-calabresa em pó

2 colheres (chá) de coentro em pó
1 colher (chá) de estévia em pó
½ cubo de caldo de legumes despedaçado
1 colher (sopa) de molho de soja
1 clara
dois punhados generosos de folhas verdes, para servir

PARA O MOLHO SATAY
2 colheres (sopa) de creme de amendoim sem açúcar
1 colher (chá) de gengibre em pó
1 colher (chá) de estévia em pó
suco de ½ limão-taiti
90 ml de leite de coco
pimenta-do-reino moída na hora

Espetinho de peru com molho satay

Rende: 2 porções

Tempo de preparo: 25 minutos, mais 1 hora para refrigerar

Tempo de cozimento: 16 minutos

Esse molho é muito útil, pois combina com qualquer carne, principalmente com peru. E por que reservar o peru para o Natal se é uma das melhores carnes para uma dieta saudável?

1. Coloque o alho e a echalota em uma panela antiaderente e refogue em fogo baixo por alguns minutos, até amolecer, adicionando um pouco de água se começar a grudar. Tire do fogo e deixe esfriar um pouco.

2. Junte a carne moída, o vinagre, a pimenta vermelha, a pimenta-calabresa, o coentro, a estévia, o caldo de legumes e o molho de soja em uma tigela grande. Acrescente a echalota, o alho e a clara. Misture bem todos os ingredientes, com as mãos umedecidas para não grudar. Cubra com filme de PVC e leve à geladeira por 1 hora. Enquanto isso, coloque alguns espetos de madeira na água.

3. Para fazer o molho, coloque todos os ingredientes em uma panela antiaderente e cozinhe em fogo baixo por 5 minutos, até o creme de amendoim derreter e se misturar com os demais, mexendo com frequência. Aos poucos, acrescente água fervente, 1 colherada por vez, até obter a consistência ideal para um dip.

4. Preaqueça a grelha ou chapa canelada em temperatura alta. Para montar os espetinhos, pegue um punhado da mistura de carne e aperte ao redor de um espeto. Repita com os espetos restantes. Grelhe-os por cerca de 7 minutos, virando sempre, até estarem bem passados e começando a dourar.

5. Regue os espetinhos com o molho e sirva com uma salada de folhas mistas.

CADA PORÇÃO CONTÉM
- Calorias: 474 kcal
- Gorduras: 30 g
- Carboidratos: 13 g

- 400 g de filé de peru sem pele
- um punhado de cogumelo-de-paris bem picado
- ½ colher (sopa) de vinagre de vinho tinto
- 100 ml de caldo de galinha
- 2 colheres (sopa) de creme de leite fresco
- 1 colher (sopa) de folhas de manjericão bem picadas
- 35 g de queijo azul, como gorgonzola ou roquefort
- ½ cebola roxa cortada em fatias
- 8 tomates-cereja cortados ao meio
- ½ pimentão amarelo sem sementes cortado em fatias
- pimenta-do-reino moída na hora
- dois punhados de folhas de espinafre baby, para servir

Filé de peru ao molho de cogumelo e queijo com vegetais ao forno

Rende: 2 porções

Tempo de preparo: 20 minutos

Tempo de cozimento: 35 minutos

Com seu sabor rico e intenso, o queijo azul torna esse molho uma verdadeira perdição e, combinado com o adocicado dos vegetais assados, cria um prato simplesmente delicioso.

1. Preaqueça o forno em temperatura média (180°C). Coloque os filés de peru em uma frigideira antiaderente em fogo baixo e doure-os delicadamente de ambos os lados; reserve. Acrescente o cogumelo, o vinagre e o caldo à panela, tempere com pimenta-do-reino a gosto e aumente o fogo para médio. Quando levantar fervura, abaixe o fogo e deixe cozinhar por cerca de 10 minutos, até reduzir e engrossar um pouco.
2. Retire do fogo e adicione o creme de leite, o manjericão e o queijo azul; mexa até o queijo derreter. Coloque o peru de volta na panela e transfira tudo para uma travessa refratária; tampe e leve ao forno por 20 minutos, até o peru ficar bem passado e macio.
3. Enquanto isso, junte a cebola, o tomate e o pimentão amarelo em uma assadeira, cubra com papel-alumínio e asse por 20 minutos junto com o peru.
4. Sirva o peru e os vegetais quentes com um punhado de folhas frescas de espinafre.

CADA PORÇÃO CONTÉM
- Calorias: 403 kcal
- Gorduras: 18 g
- Carboidratos: 17 g

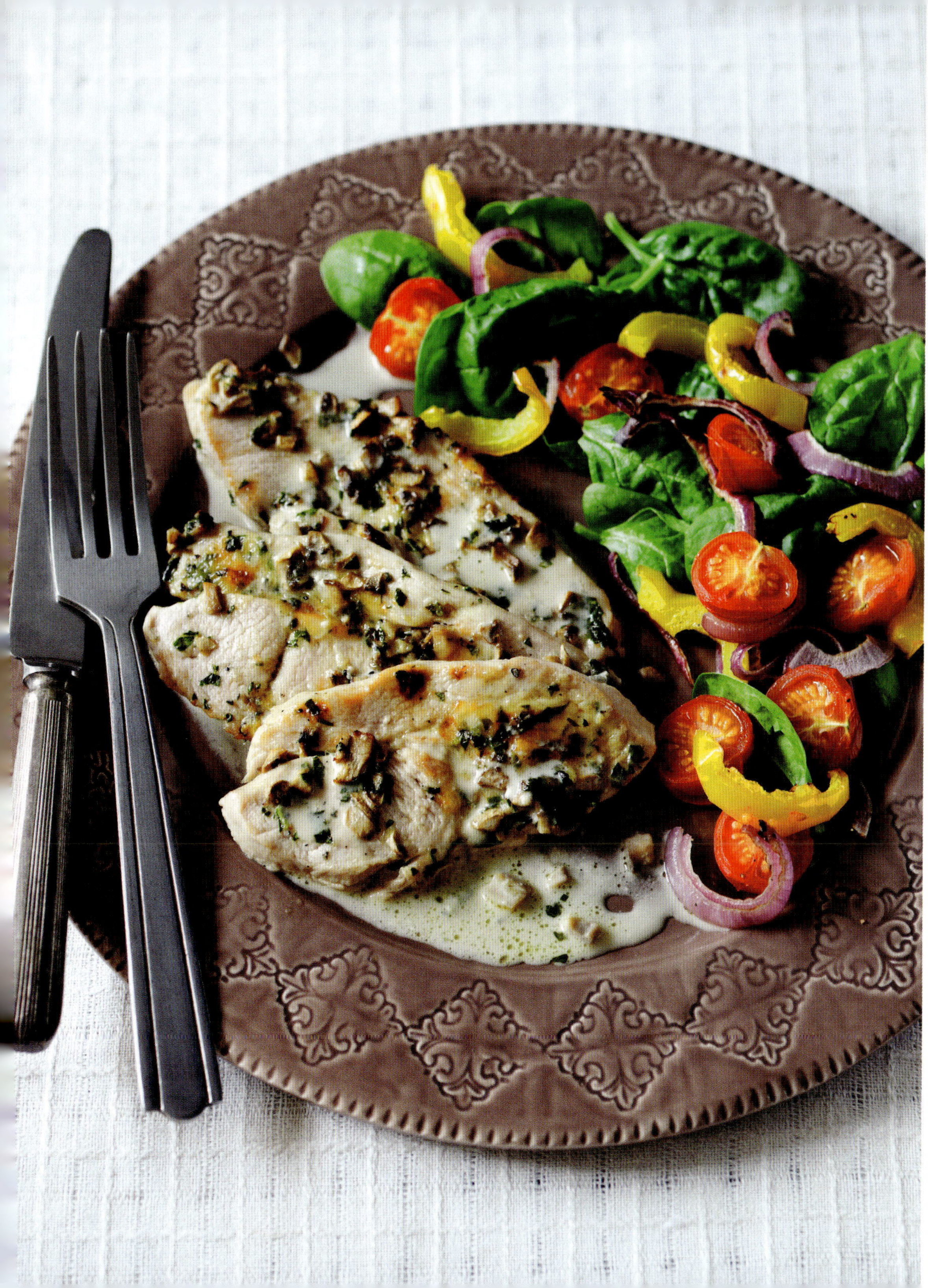

2 colheres (sopa) de óleo de amendoim

4 dentes de alho amassados

1 colher (chá) de gengibre ralado

3 cebolinhas picadas

½ repolho roxo pequeno cortado em fatias finas

½ pimentão vermelho sem sementes cortado em fatias

10 ervilhas-tortas

200 ml de caldo de legumes

1 colher (sopa) de molho de soja

1 colher (chá) de estévia em pó

140 g de filé de porco cortado em tiras

1 colher (chá) de sementes de gergelim

Carne de porco salteada com alho

Rende: 2 porções

Tempo de preparo: 10 minutos

Tempo de cozimento: 15 minutos

Essa receita é para os amantes de alho, mas, mesmo que você não seja um deles, não deixe de experimentar. O alho é um ótimo ingrediente para ajudar no combate a infecções e resfriados, além de ter um sabor muito especial.

1 Aqueça um wok ou uma frigideira grande em fogo médio; junte o óleo de amendoim, o alho, o gengibre e a cebolinha. Refogue por alguns minutos, até a cebola amolecer.

2 Adicione o repolho, o pimentão, a ervilha-torta, o caldo de legumes, o molho de soja e a estévia e misture. Acrescente a carne de porco e salteie por 5-10 minutos, até o porco estar macio.

3 Sirva salpicado com sementes de gergelim.

CADA PORÇÃO CONTÉM
••••••••••••••••
- Calorias: 325 kcal
- Gorduras: 19 g
- Carboidratos: 21 g

Jantar

Carnes

111

PARA A SALADA DE OVO, PRESUNTO CRU E NOZES

um punhado generoso de agrião
¼ de cebola roxa bem picada
2 pepinos grandes em conserva bem picados
1 talo de aipo bem picado
3 fatias de presunto cru cortadas em tiras
2 ovos
uma pitada de sal

PARA O MOLHO DE MANJERICÃO

1 colher (sopa) de maionese
1 dente de alho amassado
um punhado pequeno de folhas de manjericão bem picadas
2 colheres (sopa) de nozes picadas
pimenta-do-reino moída na hora

Salada de ovo, presunto cru e nozes com molho de manjericão

Rende: 2 porções

Tempo de preparo: 15 minutos

Tempo de cozimento: 5 minutos

As nozes são muito nutritivas e, por isso, servem como um ótimo complemento para suas refeições diárias. Elas combinam perfeitamente com os sabores intensos dessa salada.

1. Para preparar a salada, misture o agrião, a cebola, o pepino e o aipo; espalhe as tiras de presunto cru por cima.

2. Para fazer o molho, misture a maionese, o alho e o manjericão e tempere com pimenta-do-reino a gosto. Misture bem.

3. Em uma panela larga e rasa, coloque água com um pouco de sal e leve ao fogo alto até levantar fervura. Abaixe o fogo e mexa a água vigorosamente. Quebre 1 ovo em uma xícara e deslize-o na água. Repita com o outro ovo. Cozinhe por 3-4 minutos, até a clara ficar firme, mas a gema ainda mole. Tire os ovos poché da água usando uma escumadeira, disponha-os sobre a salada e espalhe as nozes por cima para servir.

CADA PORÇÃO CONTÉM
• Calorias: 528 kcal
• Gorduras: 38,7 g
• Carboidratos: 17,4 g

- 100 ml de leite de coco
- 2 dentes de alho amassados
- 1 colher (chá) de gengibre ralado
- 1 colher (chá) de pimenta-calabresa em pó
- 1 colher (chá) de pimenta vermelha em pó
- 1 colher (chá) de cúrcuma
- 1 colher (chá) de coentro em pó
- 1 colher (chá) de cominho em pó
- 200 ml de caldo de peixe
- 2 colheres (sopa) de creme de amendoim sem açúcar
- 1 colher (sopa) de molho de peixe (nam pla)
- ½ colher (sopa) de estévia em pó
- ½ colher (sopa) de suco de limão-taiti
- um punhado de floretes de brócolis
- um punhado de ervilha-torta
- 2 cebolinhas picadas
- 140 g de carne de porco moída
- 200 g de macarrão shirataki escorrido e lavado
- um punhado pequeno de folhas de coentro picadas
- pimenta-do-reino moída na hora

Macarrão com porco à moda tailandesa

Rende: 2 porções

Tempo de preparo: 10 minutos

Tempo de cozimento: 20 minutos

Uma mistura simples de sabores asiáticos, esse prato com macarrão é bastante substancioso. Eu simplesmente amo receitas com leite de coco, e essa é uma que preparo com frequência.

1. Aqueça um wok ou uma frigideira de fundo grosso em fogo médio; junte 1 colher (sopa) do leite de coco, o alho, o gengibre, a pimenta-calabresa, a pimenta vermelha, a cúrcuma, o coentro em pó, o cominho, o caldo de peixe e o creme de amendoim. Mexa até o creme de amendoim derreter e os ingredientes estarem bem misturados. Adicione o molho de peixe, a estévia e o suco de limão; quando levantar fervura, abaixe o fogo, junte os vegetais e a carne de porco moída e cozinhe por cerca de 2 minutos, separando bem a carne.
2. Acrescente o leite de coco restante e o macarrão, deixe ferver novamente, então cozinhe sem tampa por mais 10 minutos.
3. Tempere com pimenta-do-reino a gosto, espalhe as folhas de coentro por cima e sirva.

CADA PORÇÃO CONTÉM
- Calorias: 417 kcal
- Gorduras: 30 g
- Carboidratos: 13 g

300 g de filé de cordeiro cortado em pedaços

½ berinjela grande ou 1 berinjela pequena cortada em pedaços

1 colher (sopa) de óleo vegetal

dois punhados de rúcula

pimenta-do-reino moída na hora

PARA O DIP CREMOSO DE ALHO

1 cebolinha bem picada

1 pimenta-malagueta pequena sem sementes picada

4 dentes de alho amassados

1 colher (chá) de gengibre ralado

1 colher (chá) de pimenta vermelha em pó

2 colheres (chá) de estévia em pó

1 colher (sopa) de molho de soja

suco de 2 limões-taiti

2 colheres (sopa) de cream cheese

Kebab de cordeiro e berinjela com dip cremoso de alho

Rende: 2 porções

Tempo de preparo: 15 minutos

Tempo de cozimento: 20 minutos

Esses kebabs tenros e suculentos são servidos quentes com o dip frio e fresco, que fica ainda mais gostoso se for preparado um dia antes e deixado na geladeira durante a noite para intensificar os sabores.

1. Embeba quatro espetos de madeira em água. Para preparar o dip, coloque a cebolinha, a pimenta-malagueta e o alho em uma panela antiaderente de fundo grosso e refogue por alguns minutos em fogo baixo, até amolecerem; se os ingredientes começarem a grudar, acrescente um pouco de água. Junte o gengibre, a pimenta vermelha em pó, a estévia, o molho de soja e o suco de limão e continue a refogar por cerca de 10 minutos, mexendo regularmente, até ficar homogêneo. Retire do fogo e deixe esfriar um pouco. Acrescente o cream cheese e misture bem.

2. Preaqueça a grelha ou chapa canelada em temperatura alta. Besunte o cordeiro e a berinjela com óleo e tempere com pimenta-do-reino. Enfie pedaços alternados de cordeiro e berinjela nos espetos e grelhe por cerca de 10 minutos, virando-os de tempos em tempos, até ficarem bem assados.

3. Sirva os kebabs sobre uma cama de folhas de rúcula com o dip de alho à parte.

CADA PORÇÃO CONTÉM

- Calorias: 316 kcal
- Gorduras: 15 g
- Carboidratos: 11 g

Carnes

1 colher (sopa) de azeite
½ cebola roxa bem picada
1 talo de aipo bem picado
2 dentes de alho amassados
300 g de filé de cordeiro cortado em pedaços

1 talo grande de alho-poró (só a parte branca) picado
2 cenouras cortadas em cubos
300 ml de caldo de cordeiro*
½ colher (sopa) de folhas de alecrim picadas
1 colher (sopa) de molho de hortelã **

1 colher (sopa) de purê de tomate
1 colher (chá) de estévia em pó
½ aipo-rábano picado***
½ couve-flor pequena cortada em floretes
2 colheres (sopa) de manteiga
pimenta-do-reino moída na hora

Caçarola de cordeiro com hortelã e purê de couve-flor e aipo-rábano

Rende: 2 porções

Tempo de preparo: 20 minutos

Tempo de cozimento: 1h40

Adoro preparar esse prato substancioso em uma tarde chuvosa de domingo. Com seu molho rico e espesso sobre o purê quente amanteigado, é uma comida reconfortante.

1. Preaqueça o forno em temperatura média (180°C). Aqueça o azeite em uma caçarola refratária de fundo grosso em fogo médio, junte a cebola, o aipo e o alho e refogue por 5 minutos, até amolecerem. Adicione o cordeiro e refogue por alguns minutos, até começar a dourar. Acrescente o alho-poró, a cenoura, o caldo, o alecrim, o molho de hortelã, o purê de tomate e a estévia. Quando levantar fervura, tampe e leve ao forno por 1h30, até o cordeiro ficar macio e o molho engrossar.

2. Depois de cerca de 1 hora, coloque o aipo-rábano em uma panela com água fervente. Quando levantar fervura novamente, abaixe o fogo, tampe e deixe cozinhar por 10 minutos. Acrescente os floretes de couve-flor e cozinhe por mais 15 minutos, até os vegetais estarem tenros. Escorra, coloque de volta na panela, junte a manteiga e tempere com pimenta-do-reino a gosto. Amasse bem e sirva com o cordeiro.

CADA PORÇÃO CONTÉM
- Calorias: 498 kcal
- Gorduras: 29 g
- Carboidratos: 29 g

* Substituir por caldo de carne, na mesma quantidade.

** Molho de hortelã: um punhado de folhas de hortelã, uma pitada de sal, 1 colher (chá) de açúcar e 2 colheres (sopa) de vinagre de vinho tinto. Coloque a hortelã em um pilão com uma pitada de sal e o açúcar. Amasse bastante as folhas e adicione o vinagre. Volte a mexer, acrescente um pouco de água quente e continue pilando até dar a consistência de molho.

*** Uma alternativa para o aipo-rábano é a mandioca.

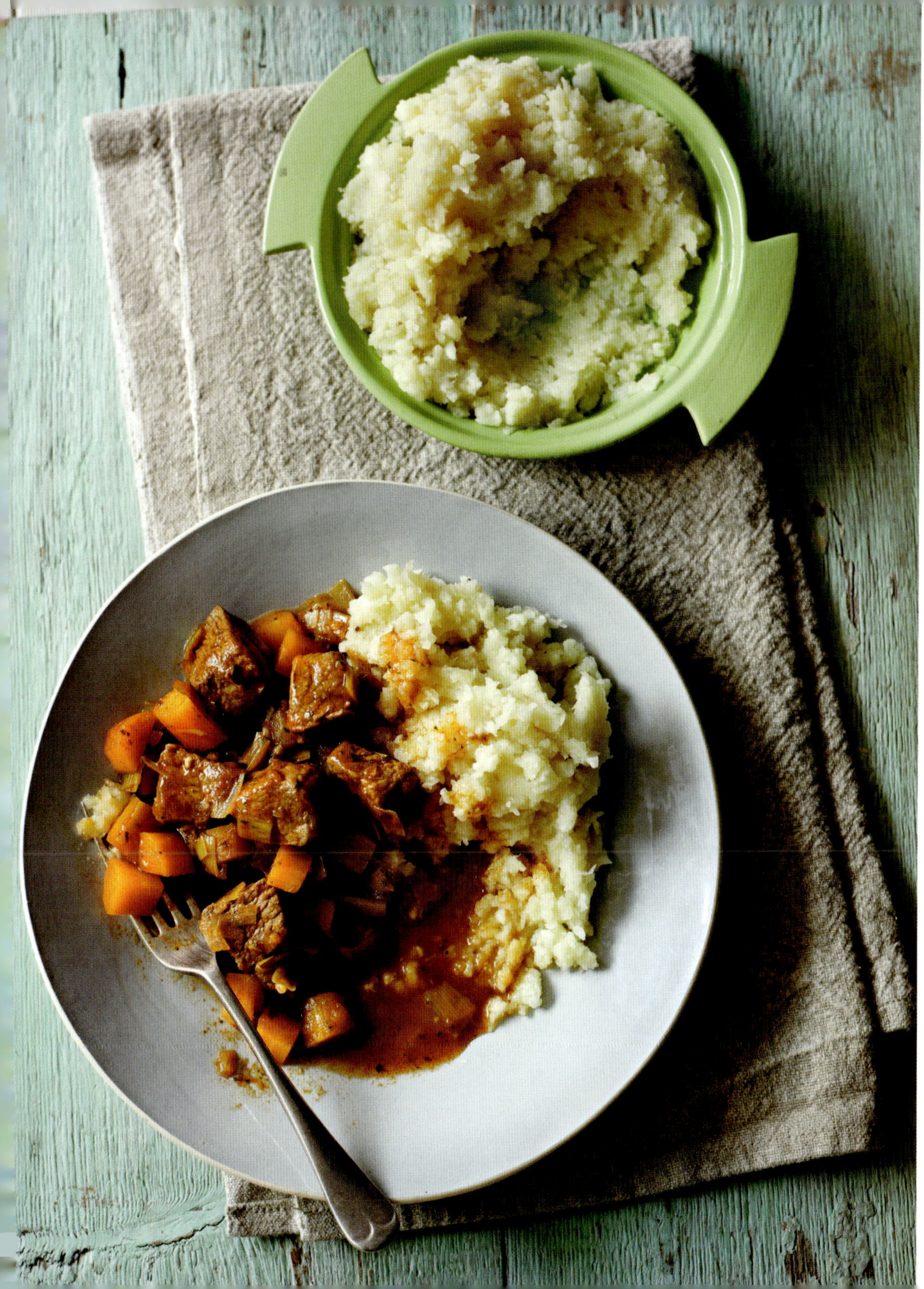

10 tomates-cereja picados

15 azeitonas pretas sem caroço cortadas em rodelas

1 pimentão vermelho sem sementes cortado em cubos

175 g de cogumelo-de-paris cortado em fatias

2 colheres (chá) de orégano seco

2 colheres (sopa) de azeite

½ colher (sopa) de vinagre de vinho tinto

2 filés bovinos (aprox. 100 g cada)

2 dentes de alho amassados

1 colher (chá) de estévia em pó

200 g de floretes de couve-flor

pimenta-do-reino moída na hora

Carne de panela com tomate e azeitona

Rende: 2 porções

Tempo de preparo:
15 minutos

Tempo de cozimento:
30 minutos

Essa receita de inspiração mediterrânea funciona bem com todas as carnes e peixes. Experimente cortes magros de cordeiro ou um filé de peixe macio no lugar da carne bovina. É saborosa, e o preparo é muito rápido, ideal para refeições após o trabalho.

1 Coloque o tomate, a azeitona, o pimentão vermelho, o cogumelo e o orégano em uma panela antiaderente em fogo baixo e refogue por cerca de 10 minutos, mexendo de vez em quando, até amolecer. Junte o azeite e o vinagre e tempere com pimenta-do-reino a gosto. Acrescente os filés e refogue por mais 10-20 minutos, dependendo do ponto que você desejar.

2 Perto do fim do tempo de cozimento, refogue o alho, a estévia e os floretes de couve-flor em outra panela em fogo baixo durante 5-10 minutos, até ficarem macios, mas não empapados.

3 Sirva a carne e a couve-flor com bastante molho de tomate.

CADA PORÇÃO CONTÉM
••••••••••••••••••
- Calorias: 297 kcal
- Gorduras: 29 g
- Carboidratos: 11 g

Carnes

um punhado de folhas de coentro bem picadas
2 dentes de alho amassados
1 colher (sopa) de pimenta-calabresa em pó
1 colher (chá) de estévia em pó
½ colher (sopa) de molho de peixe (nam pla)
suco de ½ limão-taiti
2 filés de carne magra (aprox. 100 g cada) cortados em tiras
40 g de amendoim cru sem sal
1 colher (sopa) de óleo vegetal
1 cenoura grande cortada em tiras (use um descascador de legumes)
2 cebolinhas bem picadas
½ pimentão vermelho sem sementes bem picado
1 echalota bem picada
8 folhas de alface-romana
pimenta-do-reino moída na hora

Cestinha de carne à moda tailandesa

Rende: 2 porções

Tempo de preparo: 20 minutos, mais 1-2 horas para marinar

Tempo de cozimento: 16 minutos

Esse prato delicioso é ideal para um jantar leve, com seus tradicionais sabores tailandeses de limão, pimenta vermelha e molho de peixe. Pode ser pequeno, mas é nutritivo e delicioso.

1. Reserve 1 colher (sopa) do coentro picado e misture o restante com o alho, a pimenta-calabresa, a estévia, o molho de peixe e o suco de limão em uma tigela não metálica. Usando um mixer, bata os ingredientes até obter uma pasta. Acrescente à carne, cubra com filme de PVC e deixe marinar na geladeira por 1-2 horas.
2. Enquanto isso, preaqueça o forno em temperatura baixa (150°C). Coloque o amendoim em uma assadeira e asse por 10 minutos, até dourar. Retire do forno e deixe esfriar um pouco. Transfira para um saco ou embrulhe em papel-toalha e use um rolo de macarrão para quebrar em pedaços menores.
3. Aqueça o óleo em uma frigideira em fogo médio; adicione a cenoura, a cebolinha, o pimentão e a echalota e refogue por alguns minutos, até começar a amolecer. Junte a carne com a marinada e continue refogando por mais alguns minutos, até ficar bem passada.
4. Divida a mistura igualmente entre as folhas de alface. Espalhe por cima o amendoim torrado e as folhas de coentro reservadas e tempere com pimenta-do--reino antes de servir.

CADA PORÇÃO CONTÉM
- Calorias: 422 kcal
- Gorduras: 38 g
- Carboidratos: 16 g

1 colher (sopa) de azeite
½ cebola roxa cortada em fatias finas
½ pimentão vermelho sem sementes cortado em fatias finas
1 cenoura grande cortada em tiras (use um descascador de legumes)
um punhado grande de repolho roxo cortado em fatias finas
200 g de macarrão shirataki escorrido e lavado
200 g de filé-mignon cortado em tirinhas
70 ml de caldo de carne
2 colheres (sopa) de molho de raiz-forte*
½ avocado, para servir

Macarrão oriental com molho de raiz-forte e filé-mignon

Rende: 2 porções

Tempo de preparo:
15 minutos

Tempo de cozimento:
15 minutos

Essa receita é super-rápida e fácil de fazer. O macarrão shirataki é ótimo para um jantar expresso, já que só precisa de um enxágue antes de ser reaquecido. Se, como eu, você adora o sabor da raiz-forte, certamente amará esse prato.

1. Aqueça o azeite em um wok ou uma panela de fundo grosso em fogo médio; junte a cebola e o pimentão vermelho e refogue por alguns minutos. Acrescente a cenoura, o repolho e o macarrão e mantenha no fogo por mais 5 minutos, mexendo de vez em quando.
2. Adicione o filé-mignon, o caldo de carne e o molho de raiz-forte, mexa bem e espere ferver. Abaixe o fogo e deixe cozinhar, sem tampa, por mais 5 minutos.
3. Logo antes de servir, corte o avocado em fatias. Sirva o macarrão com o molho e as fatias de avocado por cima.

* Molho de raiz-forte: demolhe 15 g de raiz-forte em 2 colheres (sopa) de água fervente por 5 minutos. Escorra bem. Misture com 1 colher (sopa) de vinagre de vinho branco, uma pitada de mostarda em pó, uma pitada de açúcar, 150 ml de creme de leite fresco, sal e pimenta-do--reino moída na hora.

CADA PORÇÃO CONTÉM
- Calorias: 414 kcal
- Gorduras: 16 g
- Carboidratos: 14 g

- 3 fatias de espessura média de bacon defumado, sem o couro e picadas
- 1 colher (sopa) de manteiga
- 200 g de filé bovino cortado em lascas finas
- ½ cebola bem picada
- 1 dente de alho amassado
- 1 folha de louro
- 1 colher (chá) de folhas de tomilho bem picadas
- 2 colheres (chá) de folhas de salsa bem picadas
- 500 ml de caldo de galinha
- 1 cenoura cortada em cubos
- um punhado de cogumelo-de-paris cortado em fatias
- 1 colher (sopa) de vinagre de vinho tinto
- 1 colher (chá) de estévia em pó
- 1 colher (sopa) de purê de tomate
- 200 g de floretes de couve-flor
- pimenta-do-reino moída na hora

Boeuf Bourguignon

Rende: 2 porções

Tempo de preparo: 20 minutos

Tempo de cozimento: 1h15

Não devemos comer carne vermelha todos os dias, pois seu consumo excessivo sobrecarrega os rins e está fortemente associado com um maior risco de doenças cardiovasculares e outros problemas de saúde. Entretanto, servi-la uma ou duas vezes por semana é um meio de obter uma boa dose de ferro e vitaminas do complexo B. Essa é uma receita ótima se você tiver um pouco de tempo disponível, e pode ser congelada, caso prefira fazer em grande quantidade no fim de semana.

1. Preaqueça o forno em temperatura média (180°C). Coloque o bacon e a manteiga em uma caçarola refratária grande e refogue em fogo médio por cerca de 5 minutos, até o bacon ficar bem cozido e levemente crocante. Acrescente a carne e frite por alguns minutos, até selar. Retire a carne e o bacon da panela.
2. Abaixe o fogo, coloque a cebola e o alho na panela, junte o louro, o tomilho e a salsa e refogue por 5 minutos, até amolecer. Leve a carne e o bacon de volta à panela com o caldo, a cenoura, o cogumelo, o vinagre, a estévia e o purê de tomate; tempere com pimenta-do-reino a gosto. Aumente o fogo e, quando levantar fervura, tampe e leve ao forno por 1 hora, até os ingredientes ficarem macios e bem combinados.
3. Enquanto isso, cozinhe a couve-flor no vapor por cerca de 20 minutos, até estar bem tenra. Depois de cozida, escorra e amasse bem, adicionando um pouco de pimenta-do-reino. Sirva a carne na caçarola, acompanhada do purê de couve-flor.

CADA PORÇÃO CONTÉM
- Calorias: 414 kcal
- Gorduras: 17 g
- Carboidratos: 28 g

Carnes

- 30 g de nozes
- 260 g de carne de cervo cortada em fatias*
- 100 ml de caldo de carne
- ½ cebola bem picada
- 1 cenoura bem picada
- 1 dente de alho grande amassado
- um punhado generoso de cogumelos cortados em fatias
- ½ colher (sopa) de vinagre de vinho tinto
- 1 colher (sopa) de purê de tomate
- 1 folha de louro
- 1 colher (chá) de folhas de tomilho bem picadas
- ½ colher (chá) de páprica defumada
- dois punhados generosos de couve
- 2 colheres (sopa) de coalhada
- pimenta-do-reino moída na hora

Estrogonofe de cervo e nozes com couve no vapor

Rende: 2 porções

Tempo de preparo: 25 minutos

Tempo de cozimento: 20 minutos

Um molho rico realça a carne de cervo, magra e saborosa. Combinada com a couve, leve e saudável, você não tem como decepcionar com essa receita.

1. Coloque as nozes em uma panela com água fervente e espere levantar fervura novamente; abaixe o fogo e cozinhe por 5 minutos. Escorra e deixe esfriar o suficiente para manusear, então pique bem.

2. Enquanto isso, aqueça uma frigideira grande antiaderente em fogo médio, acrescente a carne de cervo fatiada e refogue por alguns minutos, até começar a dourar. Retire da panela. Despeje um pouquinho do caldo na panela, junte a cebola, a cenoura e o alho e cozinhe por cerca de 5 minutos. Adicione o caldo restante, os cogumelos, as nozes, o vinagre, o purê de tomate, o louro, o tomilho e a páprica e tempere com pimenta-do-reino. Quando levantar fervura, abaixe o fogo, tampe e deixe cozinhar por 20 minutos.

3. Cozinhe a couve no vapor por 3 minutos, até ficar tenra, mas não empapada.

4. Recoloque a carne no molho, junte a coalhada e cozinhe por mais 5 minutos, sem deixar ferver. Sirva o estrogonofe sobre uma camada de couve cozida.

* Pode ser substituída por carne de cordeiro, na mesma quantidade.

CADA PORÇÃO CONTÉM
- Calorias: 634 kcal
- Gorduras: 39 g
- Carboidratos: 18 g

Carnes

PARA A CARNE DE CERVO PICANTE

1 colher (chá) de cominho em pó

1 colher (chá) de pimenta vermelha em pó

1 dente de alho amassado

1 colher (chá) de folhas de coentro bem picadas

1 colher (chá) de pimenta-calabresa em pó

1 colher (sopa) de molho de soja

1 colher (sopa) de molho inglês

1 colher (sopa) de azeite

260 g de carne de cervo cortada em tiras*

PARA A SALADA COM QUEIJO AZUL

dois punhados de folhas de espinafre baby

¼ de pepino picado

¼ de cebola roxa cortada em fatias

50 g de queijo azul cortado em cubos

1 colher (sopa) de azeite

suco de ½ limão-siciliano

1 colher (chá) de estévia em pó

pimenta-do-reino moída na hora

Carne de cervo picante e salada com queijo azul

Rende: 2 porções

Tempo de preparo: 20 minutos, mais 30 minutos para marinar

Tempo de cozimento: 5 minutos

A carne de cervo é a minha predileta, por isso é sempre um banquete para mim. É magra e deliciosa e, ao mesmo tempo, mais saudável do que a carne bovina. Combinada com o queijo azul, faz uma parceria perfeita.

1. Para preparar a marinada picante, coloque o cominho, a pimenta vermelha, o alho, o coentro, a pimenta-calabresa, o molho de soja, o molho inglês e o azeite em uma tigela e misture bem. Acrescente as tiras de carne, cubra com filme de PVC e deixe marinar na geladeira por pelo menos 30 minutos.

2. Coloque o espinafre, o pepino, a cebola e o queijo em uma saladeira grande. Em outra tigela, misture o azeite com o suco de limão e a estévia e tempere com pimenta-do-reino a gosto. Regue a salada com o molho e mexa bem.

3. Aqueça uma frigideira antiaderente em fogo médio; acrescente a carne de cervo e a marinada e cozinhe por cerca de 3-5 minutos, ou até a carne estar no ponto que você gosta. Acomode as tiras de carne sobre a salada, regue com o molho e sirva.

* Pode ser substituída por carne de cordeiro, na mesma quantidade.

CADA PORÇÃO CONTÉM

- Calorias: 452 kcal
- Gorduras: 25 g
- Carboidratos: 10 g

2½ colheres (sopa) de creme de leite fresco
½ avocado picado
400 g de carne de caranguejo desfiada

2 colheres (chá) de suco de limão-siciliano
1 cebolinha bem picada
dois punhados de rúcula
dois punhados de agrião

uma pitada de páprica
pimenta-do-reino moída na hora

Salada de caranguejo e avocado

Rende: 2 porções

Tempo de preparo: 15 minutos, mais 30 minutos para refrigerar

Super-rápida e fácil de fazer, essa receita sofisticada é uma iguaria deliciosa, especialmente durante o verão. Encha seu prato de folhas frescas e sirva a salada de caranguejo por cima.

1. Forre dois potinhos ou ramequins com filme de PVC. Em uma tigela grande, bata o creme de leite até espumar. Acrescente o avocado, a carne de caranguejo, o suco de limão e a cebolinha, misture bem e tempere com pimenta-do-reino a gosto. Divida a mistura entre os ramequins forrados e pressione suave, mas firmemente. Dobre o filme de PVC por cima, de modo a cobrir os ramequins, e leve à geladeira por 30 minutos.
2. Desenforme a salada sobre pratos com rúcula e agrião e polvilhe com páprica para servir.

CADA PORÇÃO CONTÉM
• • • • • • • • • • • • • • • • •
• Calorias: 224 kcal
• Gorduras: 12 g
• Carboidratos: 6 g

260 g de filé de salmão sem pele cortado em pedaços

2 ovos

3 colheres (sopa) de creme de leite fresco

1 colher (chá) de suco de limão- -siciliano

1 colher (sopa) de folhas de endro picadas

½ colher (chá) de pimenta-de-caiena

óleo culinário spray de baixa caloria

dois punhados de rúcula

pimenta-do-reino moída na hora

PARA A SALSA DE TOMATE E PIMENTÃO VERMELHO

½ cebola roxa bem picada

½ pimentão vermelho sem sementes bem picado

3 tomates grandes bem picados

1 colher (sopa) de folhas de coentro

1 dente de alho amassado

suco de ½ limão-taiti

1 colher (chá) de estévia em pó

Terrine de salmão com salsa de tomate e pimentão vermelho

Rende: 2 porções

Tempo de preparo: 20 minutos, mais 2 horas para refrigerar

Tempo de cozimento: 30 minutos

Amo preparar esse prato. É sempre um sucesso, porque tem uma apresentação elegante e especial. Deixe esfriar por algumas horas antes de servir, se puder, para permitir que os sabores delicados se intensifiquem.

1. Preaqueça o forno em temperatura média (180°C). Em uma tigela grande, misture o salmão, os ovos, o creme de leite, o suco de limão, o endro e a pimenta-de-caiena e tempere com pimenta-do-reino. Usando um mixer, bata os ingredientes até obter uma pasta homogênea.

2. Borrife uma fôrma para pão de 450 g com o óleo culinário spray de baixa caloria e despeje a mistura na fôrma. Coloque a fôrma dentro de uma assadeira maior e mais funda e encha a assadeira com água fervente até metade da altura da fôrma. Asse por cerca de 30 minutos. Deixe esfriar dentro da fôrma, então cubra com filme de PVC e leve à geladeira por algumas horas antes de servir.

3. Misture todos os ingredientes da salsa e tempere com pimenta-do-reino a gosto. Desenforme e fatie a terrine, acomode sobre a rúcula e sirva uma colherada do molho por cima.

CADA PORÇÃO CONTÉM

- Calorias: 361 kcal
- Gorduras: 15 g
- Carboidratos: 6 g

Peixes

40 azeitonas pretas sem caroço
1 dente de alho amassado
2 colheres (sopa) de folhas de coentro
1 colher (sopa) de azeite
4 tomates secos
1 colher (chá) de suco de limão-siciliano
12 aspargos
2 filés de salmão (aprox. 125 g cada)
pimenta-do-reino moída na hora

Salmão à moda mediterrânea com aspargo

Rende: 2 porções

Tempo de preparo: 15 minutos

Tempo de cozimento: 20 minutos

Nessa dieta, o salmão deve ser consumido com a maior frequência possível. Essa receita combina esse delicado peixe com uma explosão de sabores mediterrâneos para proporcionar a sensação agradável de férias de verão.

1. Preaqueça o forno em temperatura alta (220°C). Coloque a azeitona, o alho, o coentro, o azeite, o tomate seco e o suco de limão em uma tigela não metálica e tempere com pimenta-do-reino. Usando um mixer, bata os ingredientes até obter uma pasta homogênea.
2. Coloque o aspargo sobre uma folha de papel-alumínio e tempere com pimenta-do-reino. Feche o papel-alumínio, unindo as pontas para formar um pacote hermético. Asse por cerca de 15-20 minutos.
3. Enquanto isso, coloque os filés de salmão sobre uma folha de papel-alumínio e espalhe a pasta por cima. Feche o papel-alumínio para fazer um pacote hermético e acomode em uma assadeira. Asse por cerca de 5 minutos.
4. Abra o pacote do salmão, deixando à mostra a cobertura com a pasta, e coloque o peixe de volta no forno por mais 5 minutos, ou até estar bem passado. Abra ambos os pacotes e sirva o salmão com os aspargos.

CADA PORÇÃO CONTÉM
• Calorias: **365 kcal**
• Gorduras: **22 g**
• Carboidratos: **7 g**

Peixes

¼ de couve-flor grande cortada em floretes
¼ de cebola roxa bem picada
¼ de pimentão vermelho sem sementes bem picado
1 dente de alho amassado

400 g de bacalhau defumado sem pele cortado em pedaços
1 clara
55 g de cheddar duro ralado
uma pitada de páprica defumada
dois punhados de agrião
pimenta-do-reino moída na hora

PARA A MAIONESE DE ENDRO E CEBOLINHA

1 colher (sopa) de folhas de endro bem picadas
1 colher (chá) de suco de limão--siciliano
1 cebolinha bem picada
2 colheres (sopa) de maionese

Bolinho de bacalhau defumado com maionese de endro e cebolinha

Rende: 2 porções

Tempo de preparo: 25 minutos, mais 10 minutos para esfriar e 1 hora para refrigerar

Tempo de cozimento: 30 minutos

Esses bolinhos de peixe são realmente deliciosos: crocantes por fora, macios por dentro. Se preferir, use salmão em vez de bacalhau.

1   Cozinhe os floretes de couve-flor no vapor por cerca de 15 minutos, até ficarem *al dente*. Escorra e amasse. Deixe esfriar.

2   Enquanto isso, aqueça uma panela antiaderente em fogo baixo, acrescente a cebola, o pimentão vermelho e o alho e refogue por cerca de 5 minutos, até amolecerem. Junte o bacalhau e refogue por mais 5 minutos, até o peixe começar a se desfazer. Tire do fogo, escorra, transfira para uma tigela e deixe esfriar um pouco.

3   Adicione o purê de couve-flor, a clara, o cheddar e a páprica à mistura de bacalhau; tempere com pimenta-do-reino a gosto. Misture bem os ingredientes, cubra com filme de PVC e leve à geladeira por 1 hora.

4   Preaqueça a grelha em temperatura média e forre-a com papel-alumínio. Com as mãos umedecidas para evitar que a mistura grude, forme quatro bolinhos achatados e grelhe-os por cerca de 4 minutos de cada lado, até começarem a dourar.

5   Misture o endro, o suco de limão e a cebolinha na maionese. Sirva os bolinhos quentes com um punhado de agrião e uma boa colherada da maionese de endro e cebolinha.

CADA PORÇÃO CONTÉM
- Calorias: 482 kcal
- Gorduras: 11 g
- Carboidratos: 12 g

133

- 2 colheres (sopa) de azeite
- ½ cebola bem picada
- 1 cenoura grande bem picada
- ½ pimentão vermelho sem sementes bem picado
- 1 dente de alho amassado
- 1 colher (chá) de cominho em pó
- 1 colher (chá) de pimenta-calabresa em pó
- ½ colher (chá) de canela em pó
- uma pitada de pimenta-de-caiena
- 250 ml de caldo de peixe
- 400 g de tomate-italiano em pedaços
- 1 colher (sopa) de purê de tomate
- suco de ½ limão-siciliano
- 20 azeitonas verdes sem caroço
- 1 colher (chá) de estévia em pó
- ½ colher (chá) de páprica defumada
- 400 g de filé de bacalhau sem pele cortado em pedaços
- um punhado de folhas de coentro picadas
- pimenta-do-reino moída na hora

Ensopado de peixe à moda marroquina

Rende: 2 porções

Tempo de preparo: 15 minutos

Tempo de cozimento: 30 minutos

Esse prato exótico ativa a circulação e anima. O peixe macio, aromatizado com temperos delicados, certamente agradará a toda a família.

1. Coloque o azeite, a cebola, a cenoura, o pimentão, o alho, o cominho, a pimenta-calabresa, a canela e a pimenta-de-caiena em uma panela grande de fundo grosso, tempere com pimenta-do-reino a gosto e refogue em fogo médio por 5 minutos, mexendo sempre. Junte o caldo, o tomate, o purê de tomate, o suco de limão e a azeitona. Quando levantar fervura, abaixe o fogo e deixe cozinhar, sem tampa, por 10 minutos.

2. Acrescente a estévia, a páprica e o bacalhau e cozinhe por mais 5-10 minutos, até o peixe se desfazer facilmente e o molho apurar bem. Sirva o bacalhau com o coentro picado por cima.

CADA PORÇÃO CONTÉM

- Calorias: 477 kcal
- Gorduras: 21 g
- Carboidratos: 24 g

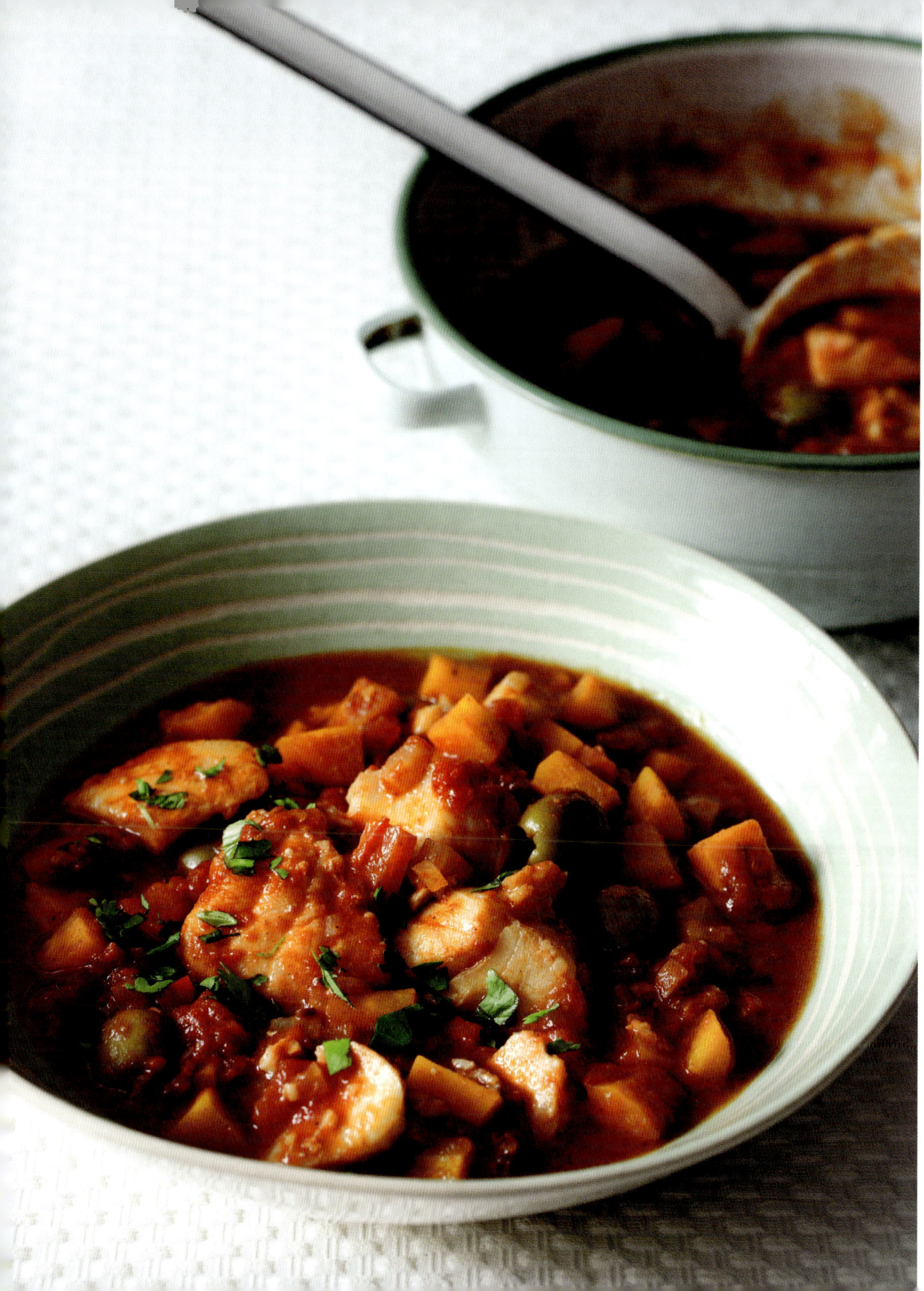

40 g de amendoim cru sem sal
1 clara
uma pitada de pimenta-de-caiena
uma pitada de pimenta vermelha em pó
uma pitada de cúrcuma

2 filés de hadoque sem pele (aprox. 200 g cada)
dois punhados de rúcula
½ pepino cortado em tiras (use um descascador de legumes)
1 cebolinha bem picada

2 colheres (sopa) de azeite
1 colher (sopa) de vinagre balsâmico
pimenta-do-reino moída na hora
½ limão-taiti cortado em rodelas, para servir

Hadoque com amendoim picante

Rende: 2 porções

Tempo de preparo:
15 minutos

Tempo de cozimento:
12 minutos

Eu sempre prefiro o sabor do hadoque ao do bacalhau. Nesse prato, combinado com o amendoim, compõe uma refeição nutritiva e benéfica para o coração, cheia de sabor e, além de tudo, bastante colorida (veja foto nas pp. 96-7).

1. Preaqueça o forno em temperatura média (180°C) e forre uma assadeira com papel-manteiga. Misture o amendoim, a clara, a pimenta-de-caiena, a pimenta vermelha e a cúrcuma em uma tigela. Espalhe a mistura na assadeira forrada e asse por 5 minutos, até ficar crocante. Deixe esfriar um pouco, então quebre em pedacinhos.
2. Preaqueça a grelha (chapa canelada) em temperatura média. Grelhe o hadoque por alguns minutos de cada lado, até o peixe se desfazer facilmente quando espetado com um garfo.
3. Enquanto isso, misture a rúcula, o pepino e a cebolinha. Em uma tigela pequena, junte o azeite e o vinagre balsâmico e tempere com um pouco de pimenta-do-reino. Regue a salada com o molho e mexa delicadamente; coloque o peixe sobre a salada, espalhe o amendoim torrado por cima e sirva com uma rodela de limão.

CADA PORÇÃO CONTÉM
••••••••••••••••
• Calorias: 363 kcal
• Gorduras: 25 g
• Carboidratos: 12 g

8 tomates-cereja cortados ao meio

20 azeitonas verdes sem caroço cortadas em rodelas

dois punhados de berinjela cortada em cubos

2 dentes de alho amassados

suco de 1 limão-siciliano

2 colheres (sopa) de azeite

6 folhas de manjericão bem picadas

400 g de tofu firme cortado em cubos

200 g de floretes pequenos de brócolis

pimenta-do-reino moída na hora

Tofu com tomate e azeitona

Rende: 2 porções

Tempo de preparo:
15 minutos, mais
1 hora para marinar

Tempo de cozimento:
25 minutos

Se você acha o tofu insosso – e muitas pessoas acham –, dê uma chance a essa receita. O tofu absorve os sabores intensos dos outros ingredientes e é uma boa alternativa à carne vermelha e branca.

1. Misture o tomate-cereja, a azeitona, a berinjela, o alho, o suco de limão, o azeite e o manjericão em uma tigela não metálica e tempere com pimenta-do-reino a gosto. Acrescente o tofu, cubra com filme de PVC e deixe marinar na geladeira por 1 hora.

2. Aqueça uma frigideira antiaderente em fogo médio e adicione a mistura de tofu. Quando ferver, abaixe o fogo, tampe e deixe cozinhar por cerca de 20 minutos, até a berinjela ficar tenra.

3. Perto do fim do tempo de cozimento, cozinhe os floretes de brócolis no vapor por alguns minutos, até ficarem macios. Sirva o tofu sobre uma cama de brócolis cozidos.

CADA PORÇÃO CONTÉM

- Calorias: **357 kcal**
- Gorduras: **22 g**
- Carboidratos: **17 g**

½ pimenta vermelha sem sementes bem picada
1 dente de alho amassado
um punhado generoso de folhas de coentro picadas
30 g de castanha-de-caju
3 colheres (sopa) de óleo de gergelim
1 colher (chá) de suco de limão-taiti
300 g de tofu firme cortado em tiras grossas
um punhado generoso de ervilha-torta
200 g de macarrão shirataki escorrido e enxaguado
pimenta-do-reino moída na hora

Macarrão com tofu e pesto à moda asiática

Rende: 2 porções

Tempo de preparo: 10 minutos

Tempo de cozimento: 8 minutos

O pesto à moda asiática tem um sabor marcante e deliciosamente fresco. Espalhado sobre essa receita vegetariana e servido com o macarrão, proporciona uma refeição rápida, saborosa e substanciosa.

1. Para preparar o pesto, coloque a pimenta vermelha, o alho, o coentro, a castanha-de-caju, 2 colheres (sopa) do óleo de gergelim e o suco de limão em uma tigela não metálica e tempere com pimenta-do-reino a gosto. Usando um mixer, bata bem todos os ingredientes.
2. Aqueça o óleo de gergelim restante em uma frigideira antiaderente em fogo médio, acrescente o tofu e frite por alguns minutos, mexendo delicadamente, até começar a dourar.
3. Adicione a ervilha-torta e o macarrão e refogue em fogo médio por cerca de 4 minutos, mexendo sempre. Misture o pesto com os outros ingredientes e sirva quente.

CADA PORÇÃO CONTÉM
• Calorias: 393 kcal
• Gorduras: 30 g
• Carboidratos: 9 g

Vegetarianos

2 cogumelos grandes aparados
2 echalotas bem picadas
1 dente de alho amassado
4 bulbos de cebolinha-francesa bem picados
60 g de muçarela ralada
pimenta-do-reino moída na hora

PARA A SALADA DE BRÓCOLIS E SEMENTES DE GIRASSOL

¼ de cebola roxa bem picada
¼ de pimentão vermelho sem sementes bem picado
1 colher (sopa) de vinagre balsâmico
2 colheres (chá) de maple syrup
dois punhados de floretes de brócolis pequenos
2 colheres (sopa) de sementes de girassol
2 colheres (sopa) de maionese
1 colher (chá) de vinagre de maçã

Cogumelo recheado com salada de brócolis e sementes de girassol

Rende: 2 porções

Tempo de preparo: 15 minutos

Tempo de cozimento: 20 minutos

Essa refeição vegetariana é leve, apetitosa e uma ótima fonte de proteína e cálcio. A salada de brócolis é surpreendentemente saborosa.

1. Preaqueça o forno em temperatura média (180°C). Coloque os cogumelos em uma assadeira, de cabeça para baixo. Misture a echalota, o alho, a cebolinha-francesa e a muçarela, então tempere com pimenta-do-reino. Recheie os cogumelos com a mistura e nivele a superfície; asse por cerca de 20 minutos, até dourar.

2. Enquanto isso, coloque a cebola, o pimentão, o vinagre balsâmico e 1 colher (chá) do maple syrup em uma panela antiaderente em fogo médio e cozinhe, sem tampar, por alguns minutos, até amolecerem um pouco. Junte os brócolis e as sementes de girassol e cozinhe por mais 1 minuto para aquecer. Deixe esfriar um pouco. Misture a maionese com o vinagre de maçã e o maple syrup restante e incorpore à mistura de brócolis.

3. Sirva os cogumelos assados com a salada quente de brócolis.

CADA PORÇÃO CONTÉM
- Calorias: 284 kcal
- Gorduras: 20 g
- Carboidratos: 16 g

Vegetarianos

141

CAPÍTULO 5
SOBREMESAS

Agora, minha seção favorita: sobremesas! A maioria das pessoas presume que não pode saboreá-las em uma dieta e, a bem da verdade, para emagrecer, o ideal seria evitá-las. No entanto, uma dieta consiste em aprender a comer de maneira saudável para manter um peso adequado, e para isso precisamos ser capazes de incluir guloseimas em nossa vida sem sentir culpa. Mas não se entusiasme, já que essas sobremesas vêm com uma regra importante: só podem ser consumidas uma vez por semana. Por isso, encare-as como um mimo para o almoço ou jantar de sábado ou domingo. Mas o benefício adicional é que ingerir um pouco mais de calorias semanalmente evita que o corpo se acostume a uma quantidade determinada de calorias e estacione no peso em que se encontra.

Essas sobremesas contêm carboidratos, mas foram preparadas com um bom teor de gorduras e proteínas para que não ocorra um aumento súbito no nível de açúcar do sangue. Portanto, deguste calmamente sua sobremesa e delicie-se com seu regalo semanal... você merece!

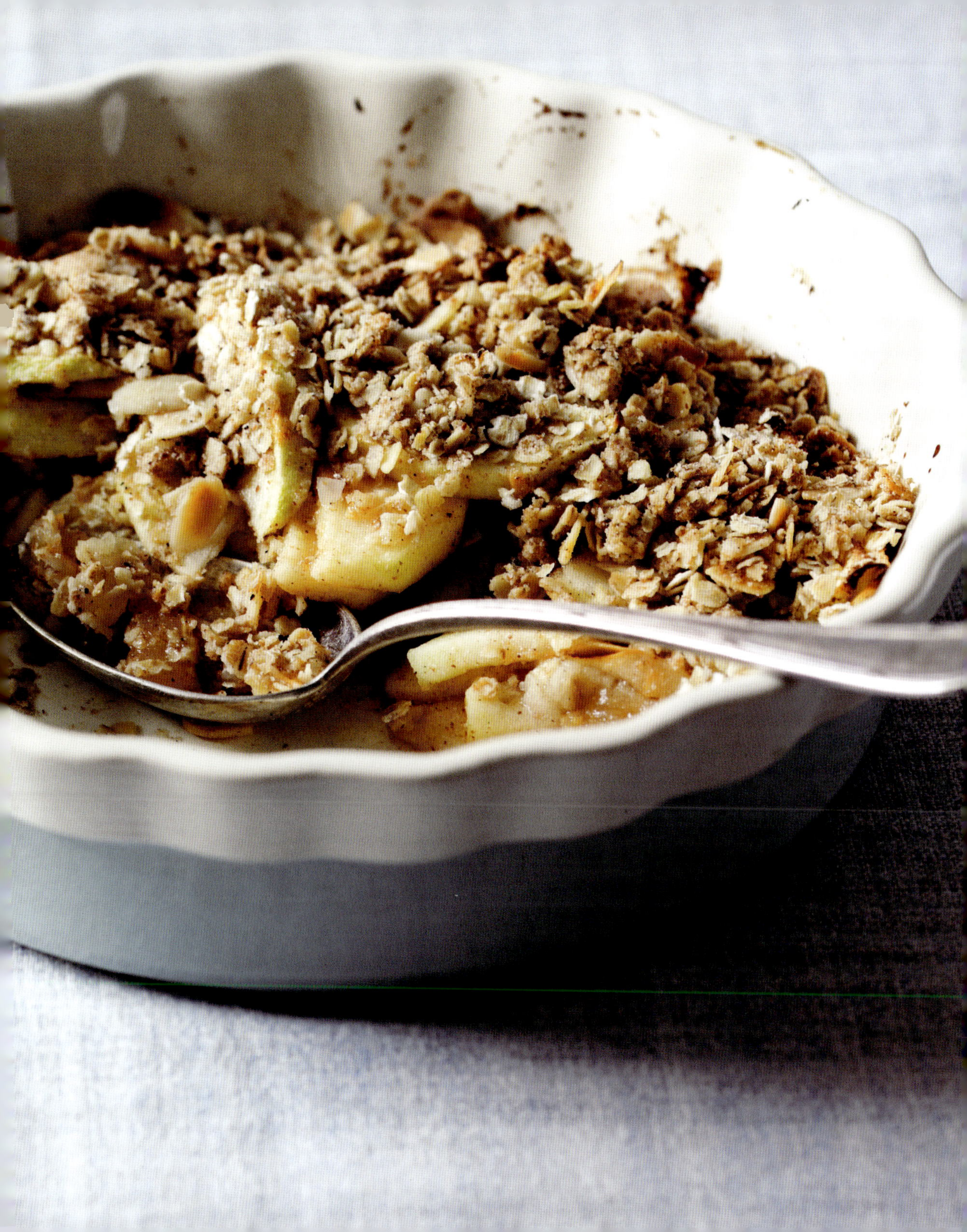

30 g de amendoim cru sem sal
50 g de chocolate amargo (70% de cacau) em pedaços
10 morangos grandes

Morango coberto com chocolate e amendoim

Rende: 2 porções

Tempo de preparo: 15 minutos, mais 30 minutos para refrigerar

Tempo de cozimento: 20 minutos

Essa sobremesa pode ser simples de preparar, mas é sempre um grande sucesso com meus amigos. Incluir o amendoim em uma receita básica cria uma verdadeira sensação de sabor. Outra opção para o seu chocolate derretido é derramá-lo sobre pedaços de banana, recém-assada no forno em temperatura moderada por 15 minutos na própria casca – espalhe avelã picada por cima para servir.

1. Preaqueça o forno em temperatura média (180°C). Coloque o amendoim em uma assadeira e leve ao forno por 20 minutos, até dourar.
2. Enquanto isso, derreta o chocolate em banho-maria e reserve.
3. Tire o amendoim do forno e deixe esfriar um pouco, então pique bem e transfira para um prato.
4. Pegue 1 morango por vez, enfie um palito no centro, passe primeiro pelo chocolate derretido, depois pelo amendoim e então coloque em um prato. Quando estiverem todos cobertos, leve à geladeira por pelo menos 30 minutos antes de servir.

CADA PORÇÃO CONTÉM
- Calorias: 188 kcal
- Gorduras: 14 g
- Carboidratos: 13 g

1 pera descascada, cortada ao meio e sem semente
1 colher (sopa) de manteiga
1 colher (chá) de estévia em pó
1 colher (chá) de canela em pó

1½ colher (sopa) de iogurte natural
1 maracujá (apenas as sementes)
1 colher (sopa) de maple syrup
4 folhas de hortelã

Pera assada com iogurte de maracujá e maple syrup

Rende: 2 porções

Tempo de preparo:
10 minutos

Tempo de cozimento:
20 minutos

Esse é outro prato muito simples, além de fresco e saudável, cheio de vitaminas e minerais. Sirva quente, direto do forno, com uma colherada de iogurte gelado por cima.

1. Preaqueça o forno em temperatura média (180°C). Coloque as metades de pera com o lado cortado para cima em uma assadeira e pincele-as com a manteiga. Polvilhe com a estévia e a canela e asse por 20 minutos, até que a pera esteja macia.
2. Junte o iogurte, as sementes de maracujá e o maple syrup em uma tigela e misture.
3. Coloque o iogurte sobre as peras assadas e decore com as folhas de hortelã para servir.

CADA PORÇÃO CONTÉM

- Calorias: 121 kcal
- Gorduras: 7 g
- Carboidratos: 14 g

Sobremesas simples

½ colher (sopa) de manteiga
2 colheres (chá) de maple syrup
10 pecãs

40 g de chocolate amargo (70% de cacau) cortado em pedaços
1½ colher (sopa) de iogurte natural

1 colher (chá) de raspas finas de limão-taiti
½ colher (chá) de pimenta vermelha em pó
2 claras

Mousse de chocolate, limão e pimenta com pecãs cristalizadas

Rende: 2 porções

Tempo de preparo: 10 minutos, mais 1 hora para refrigerar

Tempo de cozimento: 10 minutos

Você simplesmente vai amar essa overdose de chocolate. E, se nunca provou chocolate com limão e pimenta, definitivamente precisa provar – é de dar água na boca.

1. Preaqueça o forno em temperatura média (180°C) e forre uma assadeira com papel-manteiga.
2. Coloque a manteiga e 1 colher (chá) do maple syrup em uma panela e leve ao fogo baixo até derreter. Adicione as pecãs e misture bem, então espalhe sobre a assadeira forrada. Leve ao forno por 10 minutos; retire do forno e reserve.
3. Enquanto isso, derreta o chocolate em banho-maria. Tire do fogo e mexa por um instante, até começar a esfriar. Junte o iogurte, as raspas de limão e a pimenta vermelha.
4. Em outra tigela, bata as claras e o restante do maple syrup até formar picos duros. Verta 1 colher (sopa) das claras no chocolate para que fique menos denso, então despeje o restante com cuidado, preservando na mistura o máximo de ar que conseguir. Transfira para dois ramequins ou taças de sobremesa e leve à geladeira por pelo menos 1 hora. Espalhe as pecãs cristalizadas por cima e sirva.

CADA PORÇÃO CONTÉM

- Calorias: 279 kcal
- Gorduras: 23 g
- Carboidratos: 11 g

Sobremesas simples

1 colher (sopa) de manteiga
1 colher (chá) de canela em pó
½ colher (sopa) de maple syrup
1 colher (sopa) de amêndoa picada grosseiramente

35 g de flocos de aveia
um punhado de framboesa
1 colher (chá) de café instantâneo, ou a gosto
1 colher (sopa) de leite morno

2 colheres (sopa) de ricota
1 colher (chá) de extrato de baunilha
25 g de chocolate amargo (70% de cacau) ralado

Tiramisù de framboesa

Rende: 2 porções

Tempo de preparo: 15 minutos, mais 10 minutos para esfriar

Tempo de cozimento: 25 minutos

Essa deve ser minha sobremesa favorita, pois amo a combinação de café e chocolate. Servida em um jantar, com uma apresentação belíssima, essa receita causa uma ótima impressão.

1. Preaqueça o forno em temperatura média (170°C) e forre uma assadeira com papel-manteiga.
2. Derreta a manteiga em uma panela antiaderente em fogo baixo; acrescente a canela e o maple syrup e cozinhe por 1 minuto, até os ingredientes se misturarem. Tire do fogo. Junte a amêndoa e a aveia, então espalhe a mistura uniformemente na assadeira forrada. Asse por 20 minutos, retire do forno e deixe esfriar na assadeira.
3. Divida a mistura em duas taças grandes de vinho ou de sobremesa e pressione com delicadeza para firmá-la. Esprema a framboesa suavemente com um garfo e coloque por cima da base de aveia.
4. Em uma tigela, misture o café instantâneo com o leite morno, adicionando um pouco mais de café se preferir um sabor mais intenso. Mexa até os grânulos se dissolverem, então deixe esfriar. Junte a ricota e a baunilha e bata bem, até obter uma consistência cremosa e homogênea. Divida a mistura entre as duas taças e polvilhe com o chocolate ralado.

CADA PORÇÃO CONTÉM
- Calorias: 380 kcal
- Gorduras: 29 g
- Carboidratos: 20 g

Sobremesas simples

2 folhas de massa filo
óleo culinário spray de baixa caloria
150 g de ricota
1 colher (chá) de extrato de baunilha

2 colheres (chá) de estévia em pó
½ colher (chá) de canela em pó
1 maçã descascada e cortada em tiras (use um descascador de legumes)

1½ colher (sopa) de iogurte natural, para servir

Tortinha de maçã e ricota

Rende: 2 porções

Tempo de preparo: 15 minutos

Tempo de cozimento: 20 minutos

Essa é uma receita que você certamente vai amar, pois é muito versátil e funciona com quase qualquer fruta. Além do mais, para dizer a verdade, a massa filo é um acréscimo interessante a praticamente qualquer prato.

1. Preaqueça o forno em temperatura alta (200°C) e forre uma assadeira com papel-manteiga.
2. Corte 1 folha de massa filo em quatro e coloque um quarto na assadeira. Borrife com um pouco de óleo culinário de baixa caloria, coloque o próximo quarto por cima e faça o mesmo com os outros dois pedaços. Repita esse processo para criar duas bases de massa.
3. Misture a ricota, o extrato de baunilha, a estévia e a canela em uma tigela. Espalhe essa mistura sobre as bases de massa, então coloque uma camada de tiras de maçã por cima. Leve ao forno por cerca de 20 minutos, até a massa filo ficar crocante nas bordas e a maçã amolecer. Sirva quente com uma colherada de iogurte.

CADA PORÇÃO CONTÉM

- Calorias: 227 kcal
- Gorduras: 8 g
- Carboidratos: 31 g

- 2 maçãs descascadas e cortadas em fatias finas
- 2 colheres (chá) de suco de limão-siciliano
- 2 colheres (chá) de estévia em pó
- 2 colheres (chá) de canela em pó
- 35 g de flocos de aveia
- 1 colher (sopa) de farinha de trigo integral
- 2 colheres (sopa) de amêndoa em lascas
- 1 colher (chá) de noz-moscada ralada na hora
- 1 colher (chá) de extrato de amêndoa
- 1 colher (sopa) de manteiga
- 1½ colher (sopa) de iogurte natural, para servir

Crumble de maçã e amêndoa

Rende: 2 porções

Tempo de preparo: 10 minutos

Tempo de cozimento: 35 minutos

Adoro me deliciar com uma tigela de crumble em uma noite de domingo no sofá. E não se preocupe: embora essa seja uma versão saudável do crumble tradicional, você não vai se decepcionar, porque é tão delicioso quanto parece e apreciado por toda a família. Conceda-se esse mimo num fim de semana (veja foto nas pp. 142-3).

1. Preaqueça o forno em temperatura média (180ºC). Coloque as fatias de maçã em uma tigela, junte o suco de limão, a estévia e a canela e misture para embeber as maçãs. Acomode-as na base de uma assadeira pequena.
2. Misture a aveia, a farinha, a amêndoa, a noz-moscada e o extrato de amêndoa em uma tigela. Acrescente a manteiga e esfregue com a ponta dos dedos até formar uma farofa. Coloque sobre as maçãs e leve ao forno por cerca de 35 minutos, até a superfície dourar e ficar crocante. Sirva quente com uma colherada de iogurte por cima.

CADA PORÇÃO CONTÉM

- Calorias: 249 kcal
- Gorduras: 13 g
- Carboidratos: 29 g

óleo culinário spray de baixa caloria
2 folhas de massa filo
2 colheres (sopa) de amêndoa em lascas
2 talos grandes de ruibarbo picados
1 colher (chá) de canela, mais um pouco para polvilhar
2 colheres (chá) de estévia em pó
2 colheres (sopa) de iogurte grego
maple syrup a gosto

Cestinha de ruibarbo com iogurte grego e canela

Rende: 2 porções

Tempo de preparo: 15 minutos

Tempo de cozimento: 15 minutos

Quando é época de ruibarbo, esse alimento nunca falta na minha casa, pois eu amo seu sabor agridoce e complexo quando servido quente com iogurte frio. É difícil de acreditar como essa sobremesa simples fica linda depois de preparada – é quase bonita demais para se comer... quase!

1. Preaqueça o forno em temperatura média (180°C) e borrife duas cavidades de uma fôrma para muffins com o óleo culinário de baixa caloria. Disponha as folhas de massa filo sobre uma tábua de corte e borrife ambos os lados com óleo, então corte cada folha em quatro quadrados. Pressione um quadrado dentro da cavidade preparada e repita com os outros três quartos de massa para criar uma cestinha em camadas. Repita com o restante dos quadrados de massa filo para criar a segunda cestinha em camadas. Leve ao forno por 10-15 minutos, até a massa dourar e ficar crocante.

2. Enquanto isso, aqueça uma frigideira de fundo grosso em fogo médio. Adicione a amêndoa e toste por 2-3 minutos, mexendo sempre, até começar a dourar. Tire da panela imediatamente para não tostar demais.

3. Coloque o ruibarbo, a canela, a estévia e 120 ml de água em uma panela antiaderente e leve ao fogo médio. Tampe e cozinhe por cerca de 5 minutos, mexendo sempre, até amolecer e ficar polpudo, adicionando mais água se a mistura ficar muito seca.

4. Retire as cestinhas da fôrma e transfira para um prato. Divida o recheio de ruibarbo igualmente entre as duas cestinhas e coloque o iogurte e a amêndoa tostada por cima. Regue com o maple syrup, polvilhe com um pouco de canela e sirva quente.

CADA PORÇÃO CONTÉM

- Calorias: 126 kcal
- Gorduras: 4 g
- Carboidratos: 20 g

Sobremesas ao forno

½ banana amassada

25 g de flocos de aveia

2 colheres (chá) de extrato de amêndoa

1 colher (chá) de estévia em pó

1 clara

uma pitada de canela em pó, mais um pouco para polvilhar

50 g de pecãs bem picadas

2 pêssegos grandes cortados ao meio

1½ colher (sopa) de iogurte natural, para servir

Pêssego ao forno recheado com pecãs

Rende: 2 porções

Tempo de preparo: 10 minutos

Tempo de cozimento: 20 minutos

Essa é uma ótima receita para o verão, pois fica melhor quando é época de pêssegos e eles estão mais nutritivos e saborosos. Servida quente ou fria, o forno realça a doçura e os sabores naturais da fruta. Prove também com nectarina.

1   Preaqueça o forno em temperatura média (180°C). Em uma tigela, misture a banana, a aveia, o extrato de amêndoa, a estévia, a clara, a canela e as pecãs.

2   Coloque as metades de pêssego em uma assadeira, com o lado cortado para cima. Recheie com a mistura de aveia e leve ao forno por 20 minutos, até amolecer e começar a dourar na superfície.

3   Polvilhe com um pouco mais de canela e sirva quente ou frio, com uma colherada de iogurte por cima ou à parte.

CADA PORÇÃO CONTÉM

- Calorias: 360 kcal
- Gorduras: 23 g
- Carboidratos: 35 g

Sobremesas ao forno

PARA A BASE

óleo culinário spray de baixa caloria

15 g de farinha de amêndoa

4 biscoitos de aveia

½ colher (chá) de noz-moscada ralada na hora

1 colher (chá) de maple syrup

1 colher (sopa) de manteiga

PARA O RECHEIO

1 folha de gelatina

6 morangos

2 colheres (sopa) de cream cheese

2 colheres (chá) de iogurte natural

1 colher (chá) de maple syrup

1 colher (chá) de extrato de baunilha

Minicheesecake de morango

Rende: 2 porções

Tempo de preparo: 20 minutos, mais 1 hora para refrigerar

Tempo de cozimento: 5 minutos

Essas pequenas delícias são ótimas, porque são saudáveis e têm um índice glicêmico baixo, o que significa que liberam energia lentamente no organismo. São frescas e cremosas, com uma base crocante que desmancha na boca.

1. Borrife duas cavidades de uma fôrma para muffins com óleo culinário spray de baixa caloria.
2. Coloque a gelatina em uma tigela pequena, cubra com água fria e deixe hidratar por 5 minutos. Transfira a gelatina para uma panela pequena e leve ao fogo baixo para derreter por cerca de 1 minuto.
3. Enquanto isso, junte a farinha de amêndoa, os biscoitos de aveia, a noz-moscada e o maple syrup no liquidificador ou processador e bata até obter uma farofa; transfira para uma tigela. Aqueça a manteiga em uma panela pequena em fogo baixo até derreter, então junte à farofa. Transfira a mistura para a fôrma preparada e nivele a superfície com as costas de uma colher.
4. Bata o morango no liquidificador ou processador até ficar líquido, então junte o cream cheese, o iogurte, o maple syrup e o extrato de baunilha e misture bem. Por fim, acrescente a gelatina e misture completamente. Verta sobre as bases de biscoito e leve à geladeira por pelo menos 1 hora antes de servir.

CADA PORÇÃO CONTÉM

- Calorias: 374 kcal
- Gorduras: 23 g
- Carboidratos: 25 g

Bolos e biscoitos

- 2 claras
- 2 colheres (sopa) de coco ralado (sem açúcar)
- 7 nozes bem picadas
- 1 colher (chá) de estévia em pó
- ¼ de colher (chá) de cremor de tártaro
- ½ colher (chá) de extrato de baunilha
- 40 g de chocolate amargo (70% de cacau) em pedaços

Macaron de chocolate e nozes

Rende: 2 porções

Tempo de preparo:
20 minutos, mais
1 hora para refrigerar

Tempo de cozimento:
20 minutos

O macaron pode ter saído de moda, mas quem se importa? Até onde sei, continua sendo uma das sobremesas mais deliciosas. Quem resiste àquela camada externa crocante escondendo o recheio delicado que derrete na boca?

1. Preaqueça o forno em temperatura média (170°C) e forre uma assadeira com papel-manteiga. Em uma tigela grande, bata as claras até espumarem. Junte o coco, as nozes, a estévia, o cremor de tártaro e o extrato de baunilha. Usando uma espátula, mexa delicadamente até todos os ingredientes estarem bem misturados; faça dois macarons grandes com a mistura e acomode-os na assadeira forrada. Leve ao forno por cerca de 20 minutos, até ficarem firmes.
2. Enquanto isso, derreta o chocolate em banho-maria e reserve.
3. Transfira os macarons para uma grade e, usando uma colher, cubra-os com o chocolate derretido. Deixe esfriar e leve-os à geladeira por pelo menos 1 hora antes de servir.

CADA PORÇÃO CONTÉM

- Calorias: 328 kcal
- Gorduras: 28 g
- Carboidratos: 12 g

1 colher (sopa) de manteiga
2 colheres (sopa) de whey protein isolate powder sabor baunilha
2 colheres (chá) de maple syrup
1 colher (chá) de extrato de baunilha

20 g de flocos de aveia
½ banana amassada
1 colher (sopa) de cacau em pó
2 claras
1 colher (sopa) de creme de amendoim (sem açúcar)

½ colher (chá) de canela em pó
½ colher (chá) de noz-moscada ralada na hora
um pouco de leite

Cookie de baunilha e amendoim

Rende: 2 porções

Tempo de preparo: 10 minutos

Tempo de cozimento: 20 minutos

Essa é minha receita favorita de cookies supersaudáveis e proteicos: têm índice glicêmico baixo e são ricos em gorduras benéficas, além de úmidos e deliciosos. Veja se consegue resistir à tentação de provar um antes que eles terminem de esfriar... eu nunca consigo!

1. Preaqueça o forno em temperatura média (180°C) e forre uma assadeira com papel-manteiga.
2. Misture todos os ingredientes em uma tigela grande, acrescentando o mínimo de leite para fazer uma massa firme o suficiente para ser modelada em forma de cookie. Faça quatro cookies e coloque-os na assadeira forrada. Leve ao forno por 20 minutos, até começarem a dourar. Transfira para uma grade e deixe esfriar antes de servir.

CADA PORÇÃO CONTÉM

- Calorias: 248 kcal
- Gorduras: 12 g
- Carboidratos: 14 g

ÍNDICE

Os números de páginas em **negrito** indicam receitas

abobrinha 77, **80**, **84**
açúcar no sangue 6, 8, 12-3, 16, 18, 22-4
açúcares 13, 15, 18-19
aditivos 38
agrião **64**
aipo **67**
aipo-rábano **116**
álcool 31
alho **84**, **110**, **114**
alho-poró **62**
alimentos liberados 36
alimentos que queimam calorias 29
almoço 35, **60-95**
amêndoa **46-8**, **98**, **104**, **151**
amendoim **89**, **136**, **144**
antes de dormir 35
aspargo **94**, **100**, **130**
atividade física 14, 27-8
  ver também caminhada etc.
atum **54**
aveia 22, **46-7**
aves 37
avocado **42**, **54**, **68**, **88**, **127**
azeitona **76**, **118**, **134**, **137**

bacalhau **132** 4
bacon **50**, **62**, **122**
banana **42**, **159**
bebidas 31, 32
berinjela **114**
beterraba **77**, **88**
brócolis **140**

café da manhã 30, 35, **40-59**
calorias 6
caminhada 26, 28
cândida 34
canela 23
caranguejo **127**
carboidratos 6-7, 13, 16
  alimentos que contêm 39
  eliminar da dieta 18-9

incluir na dieta 22
  quando comer 30-1
cardápios 35
carnes 19, 37
  bovina **81-2**, **118-22**
  de cervo **124-6**
  de porco **110**, **113**
castanha-de-caju **102**
cavalinha **84**
cebola **76**, **84**, **94**, **108**, **128**, **132**
cenoura **67**, **77**, **82**
chocolate **144**, **146-8**, **158**
coco **44**
cogumelo **58**, **67**, **90**, **104**, **108**, **140**
colesterol 8, 11, 25
comer fora 31
comida, buscar conforto na 26
condimentos 36
constipação 23
cordeiro **78-80**, **114-16**
couve **124**
couve-flor **100**, **116**
creme de amendoim **59**, **107**, **113**, **159**
cromo 22-3

damasco **44**
desequilíbrios 11
diabetes 6, 7, 11, 14, 24
dicas de dieta 22-33
dieta de baixo carboidrato
  base científica 12-15
  benefícios 8-9, 11
  plano 10, 35
dietas com pouca gordura 6, 12
dormir bem 15

energia 11, 28
ervilha **110**
espinafre **56**
estresse 15

fator de tolerância à glicose 22-3
fibras 23, 27
fígado de frango **67**

framboesa **148**
frango **68-70**, **98-106**
frutas 20, 39
  ver também maçã etc.
frutas vermelhas **46**

gengibre **74**
gorduras 6, 7, 12, 13, 24-5, 38
  deficiência de 25
  queimar 27
  tipos de 25
granola **46**
grãos 39
grapefruit **44**
grupos de alimentos 36-9
guloseimas 7, 10, 15, 16

hadoque **136**
hipotireoidismo 27
humor
  como melhorar 26
  oscilações 25

insulina 12-4, 16, 23
iogurte **29**, **44**, **78**, **145**, **152**

jantar 35, **96-141**

laticínios 29, 37, 38
leptina 13-5
levedura de cerveja 23
linguiça **52**

maçã **42**, **44**, **150-1**
macarrão shirataki **74**, **113**, **121**, **138**
maracujá **145**
médico, consulte seu 18
metabolismo, como acelerar 27
mirtilo **44**
morango **42**, **44**, **144**, **156**

nozes **44**, **59**, **112**, **124**, **158**
noz-pecã **146**, **154**

obesidade 6, 14
oleaginosas 37, 38
ovo 19, **48**, **52**, **56-8**, **64**, **77**, **112**

pães **52**, **59**
pato **74**, **76**
peixe 19, 37
  ver também bacalhau etc.
pepino **82**, **86**
pera **42**, **145**
perda de peso 6-7, 24-5
peru **72**, **107-8**
pêssego **154**
pimentão **58**, **76**, **80**, **84**, **90-2**, **108-10**, **128**, **134**
plano dos cinco dias 18-20
porção, tamanho da 33
prepare seu corpo 18-20
pressão sanguínea 8, 11, 25
presunto **77**
presunto cru **64**, **100**, **112**
produtos dietéticos 24
proteínas 12, 37

queijo 37, 38, **50**, **58**, **72**, **78**, **86**, **92**, **108**, **112**, **126**, **140**, **148-50**, **156**

repolho **110**
ruibarbo **152**

salmão **53**, **86**, **128-30**
sardinha **88**
semente de girassol **140**
sementes 37, 38
serotonina 26
sobremesas **142-59**

tofu **66**, **89-90**, **137-8**
tomate **54**, **58**, **64**, **68-72**, **76**, **82**, **108**, **118**, **128**, **134**, **137**

vagem **70**, **76**
vegetais 20, 36, 39
  ver também cenoura etc.
vitaminas:
  complexo B 28
  D 24